悲華經

（木刻珍藏版）

北涼天竺三藏曇無讖——譯

本經說明阿彌陀佛及釋迦等之本生故事，

並以對照方式敘述淨土成佛與穢土成佛之思想，

尤特別稱揚釋迦如來穢土成佛之大悲。

悲華經卷第一

北涼天竺三藏法師曇無讖譯

轉法輪品第一

如是我聞。一時佛在王舍城耆闍崛山。與大比丘僧六萬二千人俱。皆阿羅漢。諸漏已盡。無復煩惱。一切自在。心得解脫。慧得解脫。譬如善調摩訶那伽。所作已辦。捨於重擔。逮得己利。盡諸有結。正智得解。心得自在。於一切心得度彼岸。唯除阿難。菩薩摩訶薩四百四十萬人。彌勒菩薩最爲上首。皆得陀羅尼。忍辱禪定。深解諸法空無定相。如是大士皆不退轉。是時復有大梵天王與無量百千諸梵天子俱他化自在天王與其眷屬四百萬人俱化樂天王亦與眷屬三百五十萬人俱兜率天王亦與眷屬三百萬人俱夜摩天王亦與眷屬三百五十萬人俱忉利天王釋提桓因亦與眷屬四百萬人俱毗沙門天王亦與鬼神眷屬十萬俱毗樓勒天王亦與拘辦茶眷屬一千俱毗樓羅叉天王亦與諸龍眷屬一千俱提頭賴吒天王與乾闥婆眷屬一千俱難陀龍王婆難陀龍王亦各與一千眷屬俱如是等衆皆已發心趣於大乘已行六波羅蜜爾時世尊眷屬圍繞爲諸大衆說微妙

法除四顛倒。生善法明。得智慧光了四聖諦。欲令來
世諸菩薩等得入三昧。入三昧已。過於聲聞辟支佛
地。於阿耨多羅三藐三菩提無有退轉。爾時彌勒菩
薩無癡見菩薩。水天菩薩。師子意菩薩。日光菩薩。如
是等上首菩薩摩訶薩十千八俱。即從座起。偏袒右
肩。右膝著地。叉手合掌。向東南方。一心歡喜恭敬瞻
仰。而作是言。南無蓮華尊多陀阿伽度阿羅訶。三藐
三佛陀。南無蓮華尊多陀阿伽度。阿羅訶。三藐三佛
陀。希有世尊。成阿耨多羅三藐三菩提未久。而能示
現種種無量神足變化。令無量無邊百千億那由他

衆生得種善根不退轉於阿耨多羅三藐三菩提爾
時會中有菩薩摩訶薩名寶日光明即從座起偏袒
右肩右膝著地合掌向佛而白佛言彌勒菩薩無癡
見菩薩水天菩薩師子意菩薩日光菩薩如是等上
首菩薩摩訶薩十千人等以何緣故捨於聽法而從
座起偏袒右肩右膝著地叉手合掌向東南方一心
歡喜而作是言南無蓮華尊多陀阿伽度阿羅訶三
藐三佛陀南無蓮華尊多陀阿伽度阿羅訶三藐三
佛陀希有世尊成阿耨多羅三藐三菩提未久而能
示現種種無量神足變化令無量無邊百千億那由

他衆生得種善根。世尊。是蓮華尊佛去此遠近。彼佛成道已來幾時。國土何名。以何莊嚴。蓮華尊佛何故示現種種變化。於十方世界所有諸佛示現種種無量變化。或有菩薩而得瞻見。我獨不覩。爾時佛告寶日光明菩薩。善男子。善哉善哉。汝所問者。卽是珍寶。卽是賢善。卽是善辯。卽是善問。汝善男子。能問如來如是妙義。欲得教化無量萬億那由他衆生。令種善根。欲得顯現蓮華尊界種種莊嚴。善男子。我今當說。諦聽諦聽。善思念之。善受攝持。寶日光明菩薩一心歡喜受教而聽。爾時世尊告寶日光明。善男子。東南

方去此一億百千佛土。有佛世界名曰蓮華。以種種
莊嚴而校飾之。散諸名華香氣徧熏。寶樹莊嚴。種種
寶山。紺瑠璃地。無量菩薩充滿其國。善法妙音周徧
而聞。其地柔輭。譬如天衣。行時足下蹈入四寸。舉足
還復。自然而生種種蓮華。其七寶樹高七由旬。其枝
自然懸天袈裟。其佛世界。常聞諸天技樂音聲。彼諸
衆鳥聲中。常出根力覺意妙法之音。其樹枝葉相棖
作聲。過諸天人五樂之音。一一樹根所出香氣。過諸
天香。香氣徧滿過千由旬。其樹中間懸天瓔珞。有七
寶樓觀。高五百由旬。縱廣正等一百由旬。周帀欄楯

七寶所成其樓四邊有大池水長八十由旬廣五十
由旬其池四方有妙階陛純以七寶其池水中有優
鉢羅華拘物頭華波頭摩華芬陀利華一一蓮華縱
廣正等滿一由旬於夜初分有諸菩薩於華臺中生
結跏趺坐受於解脫喜悅之樂過夜分已四方有風
柔輭香潔觸菩薩身其風能令合華開敷吹散布地
是時菩薩從三昧起復受解脫喜悅之樂下蓮華臺
升於高樓於七寶座處結跏趺坐聽受妙法其園觀
外周帀四邊有閻浮檀紫磨金山高二十由旬縱廣
正等滿三由旬山有無量百千珍寶紺瑠璃珠大紺

瑠璃珠。火珠之明。間錯其間。爾時蓮華尊佛以大光
明并珠寶明。和合顯照其佛世界。其土光明微妙第
一。更無日月。亦無晝夜。以華合鳥棲而知時節。其寶
山上。有紺瑠璃妙好之臺。高六十由旬。縱廣二十由
旬。其臺四邊周帀欄楯。七寶所成。其臺中央有七寶
牀。其牀各有一生菩薩坐聽受法。善男子。其佛世界
有菩提樹。名因陀羅。高三千由旬。樹莖縱廣五百由
旬。枝葉縱廣一千由旬。下有蓮華。瑠璃爲莖。高五百
由旬。一一諸華。各有一億百千金葉。高五由旬。碼碯
爲莖。七寶爲鬚。高十由旬。縱廣正等滿七由旬。爾時

蓮華尊佛坐此華上。卽於昨夜成阿耨多羅三藐三菩提。其菩提華座周帀復有種種蓮華。有諸菩薩各坐其上。見蓮華尊佛種種變化。爾時世尊釋迦牟尼說是事已。寶日光明菩薩摩訶薩白佛言。世尊。蓮華尊佛以何相貌作諸變化。唯願說之。佛告寶日光明。善男子。蓮華尊佛於昨夜後分。成阿耨多羅三藐三菩提。其佛過夜分已。示現種種神足變化。其身變現乃至梵天。頂肉髻相放六十億那由他百千光明。照於上方微塵數等諸佛世界。爾時上方菩薩。不觀下方眼所緣色。所謂大小鐵圍及諸小山。但觀佛光所及世界。於諸世界有諸菩薩得受記莂。若得陀羅尼忍辱三昧。或得上位一生補處。是菩薩等所有光明以佛光故悉不復現。如是等衆。叉手向於蓮華尊佛。瞻仰尊顏。爾時唯見三十二相瓔珞其身。八十種好次第莊嚴。見蓮華尊佛。及其世界種種莊嚴。如是見已。心得歡喜。爾時如微塵數等諸佛世界中諸菩薩摩訶薩見蓮華尊佛光明變化及其世界已。各捨本土。以神足力悉共發來詣彼佛所。禮拜圍繞供養恭敬尊重讚歎。善男子。爾時彼佛見諸菩薩。出其舌相。悉皆徧覆諸四天下。行住坐等一切衆生。或有菩薩入於禪定。從禪定起。在大衆中禮拜圍繞供養恭敬。尊重讚歎蓮華尊佛善男子。彼佛爾時示現如是廣長舌相作變化已。卽還攝之。善男子。蓮華尊佛復放身毛孔光。一一毛孔出六十億那由他百千光明。其光微妙普徧十方。一一方面各各過於微塵數等諸佛世界。彼世界中在在處處所有菩薩得受記已。得陀羅尼三昧忍辱。或得上位一生補處。見是光已。各各自捨其佛世界。乘神通力。皆共發來至彼佛所。禮拜圍繞供養恭敬尊重讚歎。善男子。爾時彼佛作此變化。卽復還攝。爲諸菩薩及諸大衆講說正法。轉不退輪。欲令無量無邊衆生得大利益得大快樂。憐愍世間。爲人天故。欲令具足無上大乘。

陀羅尼品第二

爾時寶日光明菩薩白佛言。世尊。彼佛世界。云何得知晝夜差別。所聞音聲。爲何相貌。彼諸菩薩。云何而得成就一心。行何異行。佛告寶日光明菩薩。善男子。彼佛世界。常有佛光以爲照明。以華合鳥棲。如來菩薩入諸禪定師子遊戲。其心歡喜受解脫樂。爾時便知是夜分。若有風吹諸華散地。諸鳥相和作微妙聲。雨種種華。四方風起。香氣微妙。柔軟細滑。佛及菩薩從禪定起。是時彼佛爲諸大衆說菩薩法藏。欲令出過聲聞緣覺。是故得知。卽是晝分。善男子。彼佛世界諸菩薩衆。常聞佛音法音僧音。寂滅之音。無所有音。六波羅蜜音。力無畏音。六神通音。無所作音。無生滅音。微妙寂靜音。因寂靜音。緣寂靜音。大慈大悲無生法忍受記之音。純諸菩薩清淨妙音。常不遠離聞如是音。善男子。所聞音聲相貌如是。善男子。彼界菩薩若已生若當生。皆悉成就三十二相。常身光明照一由旬。乃至成阿耨多羅三藐三菩提。終不墮於三惡道中。彼諸菩薩皆悉成就大慈心。大悲心。柔輭心。

無愛濁心。調伏心。寂靜心。忍辱心。禪定心。清淨心。無障礙心。無垢心。無汙心。眞實心。喜法心。欲令衆生斷煩惱心。如地心。離一切世俗言語心。愛樂聖法心。求善法心。離我心。離生老病死寂滅心。燒諸煩惱心。解一切縛寂滅心。於一切法得不動心。善男子。彼諸菩薩得專心力。得發起力。得緣力。得願力。得無諍力。得觀一切法力。得諸善根力。得諸三昧力。得多聞力。得持戒力。得大捨力。得忍辱力。得精進力。得禪定力。得智慧力。得寂靜力。得思惟力。得諸通力。得念力。得菩提力。得壞一切魔力。得摧伏一切外道力。得壞一切諸煩惱力。如是菩薩於彼佛土已生當生者。卽是眞實菩薩。已得供養無量百千諸佛世尊。於諸佛所種諸善根。彼諸菩薩以禪味爲食。法食香食。猶如梵天無有摶食。亦無名字。無有不善。亦無女人。苦受愛憎諸餘煩惱。及我我所。身心苦惱。三惡道等。皆悉無有是諸名字。亦無黑暗臭處不淨。荊棘穢惡山陵堆阜。土沙礫石。及日月星宿然火之明。須彌大海。大小鐵圍二山中間幽瞑之處。亦無有雨濁亂惡風。及八難處。悉亦無有此諸名字。善男子。彼佛世界常以佛光菩薩寶光而爲照明。其光微妙淸淨第一。徧滿其國。

其國有鳥名曰善果聲中常出根力覺道微妙之音
爾時寶日光明菩薩復白佛言世尊彼佛世界縱廣
幾何住世壽命說法幾時昨夜始成阿耨多羅三藐
三菩提滅度之後法住久近諸菩薩衆在世幾時生
彼世界諸菩薩等頗有於遠見佛聞法供養衆生不
蓮華世界佛未出時名字何等彼界先昔佛日世尊
滅度已來爲經幾時滅度之後中間幾時蓮華尊佛
而得成道以何因緣於十方世界在在處處所有諸
佛入於師子遊戲三昧示現種種神足變化諸菩薩
等或有見者或不見者爾時佛告寶日光明菩薩善

男子。如須彌山王高十六萬八千由旬。縱廣八萬四千由旬。或時有人勤行精進。或幻化力。或禪定力。碎破須彌。猶如芥子。過諸算數。除佛世尊。一切智者。餘無能知。如一芥子爲一四天下。是蓮華世界所有四天下數盡此芥子。有諸菩薩充滿其中。猶如西方安樂世界諸菩薩等。善男子。彼蓮華尊佛壽命說法三十中劫。滅度已後。正法住世滿十中劫。善男子。彼諸菩薩已生當生者。壽命四十中劫。善男子。彼佛世界本名栴檀。清淨巧妙不如今也。爾時世界亦無如是清淨菩薩。善男子。栴檀世界過去先佛出於世間。號日月尊如來應供正徧知明行足善逝世間解無上士調御丈夫天人師佛世尊壽命說法三十中劫臨滅度時或有菩薩以願力故至餘佛土其餘在者作如是念今夜中分日月尊如來當取涅槃是佛滅度已我等當於十中劫中護持正法誰能於此正法滅已次第得成阿耨多羅三藐三菩提時有菩薩名虛空印以本願故日月尊如來卽與授記善男子我滅度已正法住世滿十中劫過十中劫於夜初分正法滅盡汝於是時卽當成阿耨多羅三藐三菩提號曰蓮華尊如來應供正徧知明行足善逝世間解無上

士。調御丈夫。天人師。佛。世尊。爾時諸菩薩摩訶薩至日月尊佛所。至佛所已。諸菩薩等以禪定力。種種自在師子遊戲。供養日月尊如來。作供養已。右繞三帀。作如是言。世尊。我等願欲於此十中劫中入滅盡定。善男子。爾時日月尊如來告虛空印菩薩摩訶薩。善男子。受持此解了一切陀羅尼門。過去諸多陀阿伽度阿羅訶三藐三佛陀。已爲受佛職位諸菩薩說。如今現在十方諸佛。亦爲受佛職位諸菩薩說。未來諸佛世尊。亦當爲受佛職位諸菩薩說。所謂解了一切陀羅尼門。即說章句。

闍利闍闍連尼摩訶闍連尼　休翅　休翅　三鉢提
摩訶三鉢提　提陀阿吒炙陷切　醯多遮吒迦吒陀
羅卓迦　阿斯摩摩迦斯醯隸彌隸帝隸　流流翅
摩訶流流翅闍移　頭闍移闍移　末坻羶坻
舍多彌伽陀彌　阿茂隸茂羅波隸闍尼　摩訶斯
彌毗囉　婆彌目帝目　帝波隸輸題　阿毗坻波
夜郅彌　波羅烏訶羅彌檀陀毗闍比闍婆畱欝耽
彌

如是章句。破壞外道一切論議。攝正法輪。復能擁護說。正法者。開示分別四念處解脫法門。爾時世尊復說章句。
佛陀波迦舍移　阿摩摩禰摩摩訶遮紙　頞緹頞
緹涅帝羅禰　路迦提目帝　那提陀波隸婆末尼
如是章句。開示分別四聖種解脫法門。爾時世尊復
說章句。
波沙緹　婆沙禰　陀隸　陀隸羅波坻　毱坻
守毗守婆波坻　禰坻　須摩跋坻羼提　翅坻迦
噩那鬱提叉移　比坻憂比叉　三鉢禰　阿羅翅
婆羅地　佉岐　佉岐竭移　阿茂　隸收　羅輸
檀尼

如是章句。開示分別四無所畏解脫法門。爾時世尊復說章句。

呾頗羅　阿伽頗羅　阿涅頗羅　涅羅頗羅　三目多　阿目多　涅目多　阿婆毗那　比目帝婆尼　比⿰月萬頗羅　阿延陀　伊毗持　坻毗持　烏頭　都羅兜藍　阿興三耒　伊提多婆　阿埵多埵　薩婆路伽阿荼伽　隸頻陀　阿浮薩隸　陀陀曼坻毗舍伽跋提　阿頗羅迦頗藍

如是章句開示分別守護三乘法門。爾時世尊復說章句。

闍陀多　安禰醯羅　婆婆多繝　伊曇頗隸　尼

炎頗隸　三茂檀那延　毗浮舍　波施　蘇摩兜

阿瓮摩都阿鳩摩都施跋帝　末羅咃　達舍婆

羅毗波施他　拏舍涕多　阿尼飲摩　底拏摩坻

阿路俱阿提鬬拏　薩坻末坻

如是章句。現在諸佛本所修習。開示分別四正勤法

門。爾時世尊復說章句。

安禰　摩禰　摩禰　摩摩禰　遮隸至利帝　賒

履賒履多毗　𨅮帝目帝　郁多履三履　尼三履

三摩三履　叉裔　阿叉裔　阿闍地𨅮帝　賒

蜜致　陀羅尼　阿路伽　婆娑斯　賴邪婆提
賴魔　婆提闍邪婆提　彌醯婆提　叉裔尼陀舍
尼　路伽婆提　波彌陀舍尼
如是章句。開示分別四無礙辯解脫法門。爾時世尊
復說是章句。
斫闍阿婆娑彌陀舍尼　禪邪路伽陀兜波娑散尼
薩婆因提浮摩坻干坻　薩婆薩婆　婆摩薩婆
婆吔婆　叉夜迦隸　懼迦隸婆闍尼路伽毿達舍
邪比婆
如是章句。開示分別四如意足解脫法門。爾時世尊

復說章句。

阿遮隸　佛提　陀陀波遮隸　那尼　乾拏斯提

苷頻提　尼胥提三筆知　波隸伽薩隸　蘇彌

戰提　戰提阿遮隸　阿遮遮隸　阿波隸　頻枝

婆離　禰婆離　波遮遮離　波波離　阿那夜

阿挪夜　阿俾斯鉤鉤彌波婆毗禰　迦禰　禰闍

斯伽伽彌　那由禘

如是章句開示分別一切根力解脫法門。爾時世尊

復說章句。

富羆　肅富羆　度摩波　隸訶隸　阿婆移　鬱

支隸　支迦勒差　阿夜末兜帝帝隸　摩摩隸牛
遮尸尸隸　路伽寫尼闍那夜　叉岐醯帝那遮
夜帝沙　旃提那
如是章句。開示分別七菩提分解脫法門。爾時世尊
復說章句。
遮迦婆闍隸　婆帝遮加隸　遮迦陀隸　陀羅遮
加隸　陀隸　茂隸醯醯　隸隸陀離阿樓婆跋提
休休隸　夜他甚婆餓頻婆隸　夜他祈尼　夜
他波蘭遮　離提奢夜他婆耶　離離絁薩遮尼隸
訶羅　闍留遮毗離　毗梨尼離訶羅　末離末伽

尼隷訶羅　尼羅尼隷訶羅　三摩提尼隷訶羅般
若尼隷訶羅　比目帝尼隷　訶羅比目帝闍那陀
隷舍那尼隷訶羅那叉帝　尼隷訶羅旃陀尼隷訶
羅修利尼隷訶羅波陀舍夜六耽多陀阿伽度阿浮
陀尼羅浮曇　三佛陀　阿佛陀伊訶浮陀咀哆浮
陀尼訶我摩茂隷阿羅頗　陀羅頗　半荼隷曼陀
隷咀哆隷多留摩伽伽憐尼茂袒拏　三半茂袒拏
恆伽　崩伽摩兔尼　留婆　那舍尼那舍槃檀尼
　叱叱帝叱叱覩摩由婆醯澄伽摩波隷摩隷訶咀
尼　婆隷摩隷　頻提毗離毗離憂沙離　舍羅尼

陀羅尼　波婆抵　波藍那羅易毗頭頭摩婆羅齲
摩梵摩遮隸那因提婆尼提提耶羅尼摩醯首羅羅
羅尼三摩徧彌　阿藍念彌　伊迦勒叉利師遮尼
遮羅阿支旃陀羅修利　薩婆修羅阿婆藍富那
伽緻耽半持多阿夜那　虔推閣婆斯迦伽陀隸
阿羅陀訶尼摩伽羅毗路訶尼恐曇曼蹄　毗路迦
曼蹄

是陀羅尼門。諸佛世尊之所受持。開示分別如來十力解脫法門。爾時世尊釋迦牟尼說是解了一切陀羅尼法門時。三千大千世界六種震動。岠峨踊沒。爾時有大微妙光明。徧於十方。過如恆河沙等世界。其中所有須彌山王。大小鐵圍。不與眼對。但見世界地平如掌。十方世界所在之處。有諸菩薩其數無量。得諸禪定總持忍辱。如是等衆。以佛神力。於已刹沒。忽然來至娑婆世界耆闍崛山。到如來所。頭面禮足。以諸菩薩所得種種自在神足供養於佛。作供養已。各各次第於一面坐。欲聽解了一切陀羅尼門。不可稱計欲色界諸天來至佛所。頭面禮足。亦各次第坐於一面。聽受解了一切陀羅尼門。如是大衆。悉皆得見蓮華佛刹。亦見彼佛與大菩薩圍繞集會。爾時世尊釋迦牟尼。說此解了一切陀羅尼門。有七十二恆河沙等諸菩薩摩訶薩得此陀羅尼門。卽時得見不可稱計十方世界諸佛世尊。及見諸佛淨妙世界。諸菩薩等怪未曾有。是諸菩薩以禪定力師子遊戲得自在故。作種種供具以供養佛。爾時佛告諸菩薩等。善男子。若菩薩修是解了一切陀羅尼門者。卽得八萬四千陀羅尼門。七萬二千三昧門。六萬法聚門。卽得大慈大悲。解三十七助道之法。得一切智無有障礙。是陀羅尼門攝一切佛法。諸佛了此陀羅尼已。爲諸衆生說無上法。久久在世。不入涅槃。善男子。汝今所見當知卽是解了一切陀羅尼門威神力故。令此大地六種震動。及有微妙清淨光明。徧照十方過恆河沙等諸佛世界。光所及處。無量世界諸菩薩等來至此會。聽受解了一切陀羅尼門。幷及此界所有無量欲色界天和合聚集。復有諸龍夜叉阿脩羅人非人等。皆來欲聽解了一切陀羅尼門。若菩薩聞解了一切陀羅尼門已。卽於阿耨多羅三藐三菩提而不退轉。若有書寫其人乃至無上涅槃。常得不離見佛聞法。供養衆僧。若能讀誦。諸重惡業永盡無餘。轉身受生。卽過初地得第二住。菩薩摩訶薩若能修行解了一切陀羅尼門所作五逆重惡之罪悉得除滅第二轉生卽過初地得第二住若無五逆卽於此身所有重業永盡無餘轉身卽得過於初地得第二住若其不能讀誦修行於聽法時以諸繒綵奉上法師者爾時如恆河沙等現在諸佛各於世界稱揚讚歎善哉善哉卽與授其阿耨多羅三藐三菩提記是菩薩以供養因緣故不久當得受佛職位一生成就阿耨多羅三藐三菩提若香供養不久當得無上定香若華供養不久當得無上智華若以珍寶供養法師不久當得三十七助道法之寶善男子若有菩薩能解了

是陀羅尼門者得大利益何以故此陀羅尼門能開示分別一切菩薩諸法寶藏以是持故令諸菩薩得無礙辯四適意法善男子日月尊如來爲虛空印菩薩說陀羅尼門已爾時大地亦六種震動亦有無量微妙光明徧照十方無量無邊諸佛世界見諸佛刹地平如掌爾時會中亦有無量菩薩摩訶薩悉見十方不可稱計諸佛世尊是時十方無量無邊諸菩薩等各各自於已世界沒忽然來至旃檀世界見日月尊佛禮拜圍繞供養恭敬尊重讚歎皆欲聽受是陀羅尼門善男子爾時彼佛告諸菩薩善男子我今已

聽汝等。若是一生補處於十中劫聽入滅盡定。其餘菩薩應十中劫從虛空印菩薩摩訶薩受此陀羅尼門菩薩法藏。隨受持法。得見十方無量世界所有諸佛。因見佛故。心生歡喜得種種善根。爾時會中有諸菩薩得種種自在師子遊戲者。以種種供具供養彼佛。作供養已。白佛言。世尊。是虛空印菩薩摩訶薩過十中劫。成阿耨多羅三藐三菩提。當得轉於無上法輪。時佛告曰。諸善男子。如汝所說。是虛空印菩薩摩訶薩過。十中劫。得成阿耨多羅三藐三菩提。即過其夜便轉法輪。爾時虛空印菩薩摩訶薩成阿耨多羅三藐三菩提已。卽過其夜轉正法輪。不退法輪無上法輪。爾時會中無量無邊百千億那由他菩薩先從虛空印菩薩於十中劫受是陀羅尼門者。得不退轉復有一生補處。當得阿耨多羅三藐三菩提。善男子。若有菩薩不多修學是陀羅尼者。於當來世。得過初地上二住位。不退轉於阿耨多羅三藐三菩提。決定得是陀羅尼門。如是說已。日月尊如來爲諸菩薩示現種種神足變化。示現是已。爲虛空印菩薩摩訶薩示現那羅延三昧。汝得是定。便當得受金剛之身。復爲示現一切莊嚴三昧光明。善男子。汝雖未轉是正法

輪。夢爲諸菩薩說此陀羅尼門。汝於爾時便爲已得
如來身分三十二相八十種好。亦當放此一切莊嚴
三昧光明。徧照無量一切世界。復於光中得見無量
無邊諸佛。復爲示現金剛場三昧。以三昧力故。雖未
坐道場菩提樹下。未轉法輪。已能爲諸菩薩說微妙
法。復爲示現法輪鬘三昧。以三昧力故。尋轉法輪。轉
法輪時。有無量無邊百千億那由他菩薩當得畢定。
爾時虛空印菩薩摩訶薩聞說是已。尋卽自知當轉
法輪。歡喜踊躍。與無量菩薩其供養佛。作供養已。各
各自入諸樓觀中。爾時彼佛卽於其夜入無餘涅槃。

時諸菩薩過其夜已供養舍利既供養已各各還入寶樓觀中他方菩薩各各自還本佛世界一生菩薩於十中劫入滅盡定其餘菩薩因虛空印說妙法故滿十中劫得種善根是虛空印菩薩摩訶薩始於昨夜成阿耨多羅三藐三菩提即於今日轉正法輪示現種種神足變化令百千億那由他無量衆生於阿耨多羅三藐三菩提不退轉我今於此說是陀羅尼門時亦有八十那由他百千菩薩得無生法忍七十二億衆生於阿耨多羅三藐三菩提不退轉七十二那由他百千菩薩得是解了一切陀羅尼門無量無

邊天與人發阿耨多羅三藐三菩提心。爾時會中有菩薩名解脫怨憎。白佛言。世尊。菩薩摩訶薩成就幾法。能修習是解了一切陀羅尼門。佛告解脫怨憎菩薩言。善男子。菩薩成就四法則能修是陀羅尼門。何等爲四。菩薩住是四聖種中。於麤衣食臥具醫藥常得知足。菩薩成就如是四法則。能修是陀羅尼門。復次善男子。菩薩摩訶薩成就五法。則能修是陀羅尼門。何。等爲五。自持禁戒。所謂愛護解脫戒。成就威儀行。防護戒法。心生怖畏。如小金剛。受持修學一切諸戒。見破戒者勸令持戒。見邪見者勸令正見。破威儀

者勸住威儀。見散心者勸令一心。見有好樂於二乘
者勸令安住阿耨多羅三藐三菩提。菩薩成就如是
五法。則能修是陀羅尼門。復次善男子。菩薩成就六
法。則能修是陀羅尼門。何等爲六。自修多聞通達無
礙。見寡聞者勸令多聞。自不慳吝。見慳吝者勸令安
住不慳吝法。自不嫉妬。見嫉妬者勸令安住不嫉妬
法。自不怖他施以無畏。見怖畏者爲作擁護。善言誘
喻使得安隱。心不諛諂。無有姦詐。行空三昧。菩薩成
就如是六法。則能修是陀羅尼門。菩薩摩訶薩成就
如是相貌法已。於七歲中。總略一切陀毗黎章句晝

夜六時頭面恭敬。一心思惟。緣身念處。行空三昧。讀
誦如是陀毗黎章句。卽於起時。徧念十方一切世界
無量諸佛。是菩薩摩訶薩過七歲已。卽便得是解了
一切陀羅尼門。菩薩得是陀羅尼門已。便得如是聖
清淨眼。得是眼已。見於十方如恆河沙等世界中在
在處處諸佛世尊。不取涅槃。亦見示現種種無量神
足變化。是菩薩爾時悉見一切無量諸佛無有遺餘。
以見佛故。卽得八萬四千陀羅尼門。七萬二千三昧
門。六萬法聚門。菩薩摩訶薩得是解了一切陀羅尼
門已。復於衆生得大慈悲。復有菩薩摩訶薩得是法

門已所有五逆重惡罪等轉身便得永盡無餘第三生已盡一切業得第十住若無五逆其餘諸業即於此身永盡無餘過一生已得第十住不久便得三十七品及一切智善男子是解了一切陀羅尼門能大利益諸菩薩摩訶薩若菩薩常念諸佛法身故得見種種神足變化見是化已即得如是無漏歡喜因歡喜故便成如是神足變化以神足力則能供養如恆河沙等世界諸佛得供養已於諸佛所亦聽受妙法聽受妙法故即得陀羅尼三昧忍辱便還來至此佛世界善男子是陀羅尼門能作如是大利益事損減

惡業。增諸善根。爾時有諸菩薩白佛言。世尊。我等於過去如一恆河沙等諸佛所聞是陀羅尼門。聞已卽得。復有菩薩作如是言。我等已於二恆河沙等諸佛所聞是陀羅尼門。聞已卽得。復有菩薩作如是言。我等已於三恆河沙等諸佛所聞是陀羅尼門。聞已卽得。復有菩薩作如是言。我等已於四恆河沙等諸佛所聞是陀羅尼門。聞已卽得。復有菩薩作如是言。我等已於五恆河沙等諸佛所聞是陀羅尼門。聞已卽得。復有菩薩作如是言。我等已於六恆河沙等諸佛所聞是陀羅尼門。聞已卽得。復有菩薩作如是言。我等已於七恆河沙等諸佛所。聞是陀羅尼門。聞已卽得。復有菩薩作如是言。我等已於八恆河沙等諸佛所。聞是陀羅尼門。聞已卽得。復有菩薩作如是言。我等已於九恆河沙等諸佛所。聞是陀羅尼門。聞已卽得。爾時彌勒菩薩摩訶薩白佛言。世尊。我於往世過十恆河沙等劫時。有大劫名善普徧。於此劫中。是娑婆世界微妙清淨一切莊嚴。爾時有佛出現於世。號娑羅王如來。應供。正徧知。明行足。善逝。世間解。無上士。調御丈夫。天人師。佛世尊。有無量百億那由他比丘僧。復有不可計諸菩薩摩訶薩恭敬圍繞爾時娑

羅王佛爲諸大衆說是解了一切陀羅尼門我於爾
時從彼佛所得聞是法聞已修學學已卽得增廣具
足如是無量無邊劫中有不可計阿僧祇佛我於爾
時隨其壽命以諸菩薩所得種種師子遊戲自在三
昧供養如是無量諸佛我於爾時便得於此一一佛
所種無量無邊不可稱計阿僧祇善根種善根已卽
得無量大功德聚以是善根故無量諸佛與我授記
以本願故久在生死以待時故不成阿耨多羅三藐
三菩提世尊唯願如來於今與我授佛職位令得阿
耨多羅三藐三菩提爾時佛告彌勒菩薩摩訶薩如

是如是如汝所說娑羅王佛現在世時汝已得是解了一切陀羅尼法門彌勒汝於過去十大劫中若欲願成阿耨多羅三藐三菩提者汝於爾時尋應具足速疾成就阿耨多羅三藐三菩提入無餘涅槃彌勒汝久住生死以本願故所以不成以待時故彌勒我今爲汝授佛職位爾時世尊觀諸大衆及諸菩薩比丘比丘尼優婆塞優婆夷天龍夜叉阿脩羅羅刹乾闥婆人非人等作是觀已說是章句

帶哆浮彌　檀陀浮彌　曇摩陀浮彌　伽帝浮彌
蜜帝浮彌　般若浮彌　毗舍羅闍浮彌　鉢帝

三毗多浮彌　阿耨差婆浮彌　阿波差浮彌　三
摩多博差摩博差浮彌　闍帝叉裔浮彌　三杈闍
毗收闍　波羅　收闍毗舍伽達舍婆帝　毗舍陀
帝羅那伽伽羅伽　三杈舍婆多　毗摩帝榆波
醯羅羅伽摩阿吒杈羅　婆舍僧伽摩伊帝朱羅跋
帝彌　文陀羅　陀訶羅跋帝般若浮多　訶陀伽
彌多　娑啚沙槃多伊羅耶　尼羅耶　訶呼薩吒
阿牧陀牧阿　他婆帝　伽樓婆帝　帝醯那提
婆阿迦那摩帝　婆迦那摩帝三彌帝毗娑婆地禕
陀娑羅　禕陀婆羅　訶羅多羅拘留沙　兜樓沙

賴摩羅畱他　多畱他　薩婆他　薩婆他遮　尼

畱他　提訶多　多醯頗羅　婆睺頗羅　薩婆頗

羅　世吒婆提

說是雜十二因緣解脫章句時。有六十那由他諸天

見四聖諦。爾時世尊復說章句。

帶頗嵐　阿伽頗嵐　羅羅頗嵐　阿羅頗嵐　尼

羅呼羅　婆婆多纈　伊曇頗嵐　尼鹽頗嵐　南

無陀鹽　毗浮蛾　般若遮迦　阿兖毗地遮迦

闍尼遮迦

說是解脫章句時。有十億諸天發阿耨多羅三藐三

菩提心。皆得不退轉。爾時世尊復說章句
波施　蘇摩都　阿兇摩都　阿拘摩都　鴟陀婆
拘摩哆他　陀舍羅　毗皴跋他　伊訶世鐵多
蘇彌摩　蘇帝廁拏帝利意阿路拘光明阿提鬬拏大默然
說是解脫章句時。六萬四千諸龍發阿耨多羅三藐
三菩提心。皆得不退轉。爾時世尊復說章句。
阿叉修跋叉　修婆娑曼陀那　阿羅住婆婆伽羅
廚　迦羅荼叉　悉曇摩帝　三摩多蔘　阿叉婆
隸　醯吒迦路　摩訶婆隸　烏闍陀路　陀羅尼
醯伽羅叉　拘陀叉拘婆叉　鞞路布　毗留波

目佉　勢帝嗜哆勢帝婆隸　阿修路比那　修路
波摩提
說是解脫章句時。十二億夜叉發阿耨多羅三藐三
菩提心。皆得不退轉。爾時世尊復說章句。
阿梯　卑梨離　尼帝梯　珊帝梯　伽帝抳　那
迦彌　阿藍彌　娑嵐彌　阿陀彌　摩陀彌　摩
帝彌　珊尼訶　守隸陀　羅尼阿弗舍多薩陀
薩提娑薩那伽　薩夜叉薩阿脩羅　提婆那伽
尼六帝隸婆羅　尼六帝羅毗　蜜帝般若般梨跋
多　末帝波利羅毗　伽帝提帝波利婆羅　伽帝

提帝羅毗　弗婆翅毗闍禰毗薩遮利畔多　阿毗
他那畔多　首羅畔陀　郅羅毗梨耶畔陀　毗多
畔坻　毗娑婆禰　末伽文陀　毗舍鉢利劒摩
禰叉波羅呼　烏訶羅路提羅婆都　阿脩羅文陀
那伽文陀　夜叉文陀　羅刹文陀　鞞提　鞞提
彌　多卑多多卑　烏拏那咩　婆伽提　陀羅尼
阿毗舍多提舍首陀尼　婆翅輸提　耆婆輸陀尼
　波翅波利羯摩帝摩帝加帝跌帝伽那那波帝
波羅那佛提闍耶遮加輸若陀遮加卑夜
說是解脫章句已。五萬六千阿脩羅發阿耨多羅三藐三菩提心。皆得不退轉。爾時世尊告無所畏平等地菩薩摩訶薩言。善男子。諸佛世尊出世甚難。演布是法乃復倍難。是法乃是戒。定。慧。解脫。解脫知見之所熏修。善男子。如是章句能令菩薩威德成就。善男子。如來本行菩薩道時。以布施持戒。忍辱。精進。禪定。智慧攝是章句。供養恭敬無量無邊百千萬億諸佛世尊。於諸佛所。或行布施。或修梵行。清淨持戒。或勤精進。或修忍辱。或入三昧。或修智慧。種種修集純善淨業。是故我今得無上智。善男子。我昔於無量阿僧祇億那由他劫修菩薩道時。身常遠離妄語兩舌惡口綺語。是故我今得是舌相。善男子。以是因緣故。諸佛世尊所說眞實無有虛妄。爾時世尊示現種種神足變化。作變化已。入徧一切功德三昧。入是三昧已出廣長舌徧覆面門。從其舌根放六十億光明。其光微妙徧照三千大千世界。地獄餓鬼畜生天人皆蒙其光。地獄衆生身熾然者。以蒙光故。於須臾間得清涼樂。是諸衆生。卽於其前各有化佛三十二相八十種好莊嚴其身。爾時衆生以見佛故。皆得快樂。各作是念。蒙是人恩。令我得樂。於化佛所心得歡喜。叉手恭敬。爾時佛告彼諸衆生。汝今稱南無佛南無法南

無僧以是緣故常得快樂諸衆生長跪叉手前受佛
教而作是言南無佛南無法南無僧是諸衆生以是
善根因緣故於此命終或生天上或生人中若有衆
生在寒凍地獄是時尋有柔軟煖風來觸其身乃至
生天人中亦復如是餓鬼衆生爲飢渴所逼蒙佛光
故除飢渴惱受於快樂亦各於前有一化佛三十二
相八十種好莊嚴其身以見佛故皆得快樂各作是
念蒙是人恩令我得樂於化佛所心得歡喜叉手恭
敬爾時世尊令彼衆生得見宿命罪業因緣尋自悔
責以是善根於中命終生天人中畜生衆生亦復如

是爾時世尊爲諸天人示宿世因緣故有無量無邊衆生來至佛所頭面作禮卻坐一面聽受妙法爾時有不可計諸天及人發阿耨多羅三藐三菩提心無數菩薩摩訶薩得陀羅尼三昧忍辱

悲華經卷第一

音釋

羶式連切　頞緹頞阿葛切緹杜兮切　毱居六切　縹匹小切　拲居勇切　苷古南切　齲驅雨切　緻直利切　岠峨岠普禾切峨五何切岠峨傾側搖動之貌　杈丑皆切　茤得何切　嗐胡戛切

悲華經卷第二

北涼天竺三藏法師曇無讖譯

大施品第三之一

爾時會中有菩薩摩訶薩名曰寂意。瞻覩如來種種神化已。白佛言。世尊。何因緣故。其餘諸佛所有世界。清淨微妙種種莊嚴。離於五濁。無諸穢惡。其中純有諸大菩薩。成就種種無量功德。受諸快樂。其土乃至無有聲聞辟支佛名。何況當有二乘之實。今我世尊何因何緣。處斯穢惡不淨世界。命濁。劫濁。衆生濁。見濁。煩惱濁。於是五濁惡世之中。成阿耨多羅三藐三

菩提在四衆中說三乘法以何緣故不取如是清淨
世界而不遠離五濁惡世佛告寂意菩薩摩訶薩善
男子菩薩摩訶薩以本願故取淨妙國亦本願故取
不淨土何以故善男子菩薩摩訶薩成就大悲故取
斯弊惡不淨土耳是故吾以本願處此不淨穢惡世
界成阿耨多羅三藐三菩提善男子汝今諦聽善思
念之善受善持吾今當說時諸菩薩受教而聽佛告
寂意菩薩善男子我於往昔過恆河沙等阿僧祇劫
此佛世界名刪提嵐是時大劫名曰善持於彼劫中
有轉輪聖王名無諍念主四天下有一大臣名曰寶

海是梵志種善知占相時生一子有三十二相瓔珞
其身八十種好次第莊嚴以百福德成就一相常光
一尋其身圓足如尼拘盧樹諦觀一相無有厭足當
其生時有百千諸天來共供養因爲作字號曰寶藏
其後長大剃除鬚髮法服出家成阿耨多羅三藐三
菩提還號寶藏如來應正徧知明行足善逝世間解
無上士調御丈夫天人師佛世尊即轉法輪令百千
無量億那由他諸衆生等得生人天或得解脫如是
利益諸天人已與百千億那由他聲聞大衆恭敬圍
繞次第遊行城邑聚落漸到一城名安周羅即是聖

王所治之處。去城不遠。有一園林名曰閻浮。爾時如來與百千無量億那由他聲聞大衆止頓此林。時轉輪王聞寶藏佛與百千無量億那由他大聲聞衆。次第遊行至閻浮林。爾時聖王便作是念。我今當往至於佛所。禮拜圍繞供養恭敬尊重讚歎。作是念已。即便自以聖王神力。與無量大衆前後圍繞。出安周羅城向閻浮林。既至林外。如法下車。步至佛所。到已頭面禮足。右繞三帀。卻坐一面。善男子。爾時寶藏多陀阿伽度阿羅訶三藐三佛陀。即爲聖王說於正法。以種種方便示教利喜。說是法已。默然而止。時轉輪王便從座起。長跪叉手前白佛言。唯願如來及諸聖衆。於三月中受我供養衣被飲食臥具湯藥。善男子。彼時如來默然許之。時王即知佛已許可。頭面作禮繞佛三帀。歡喜而去。時轉輪王告諸小王大臣人民及其眷屬。作如是言。汝等知不。我今已請寶藏如來及其大衆。終竟三月奉諸所安。自我所用愛重之物。諸供養具僮使僕從。我今悉捨。以奉施佛及諸聖衆。汝等今者亦當如是捨所重物諸供養具僮使僕從。以奉施佛及諸聖衆。諸人聞已。即便受教。歡喜奉行。時主寶臣於閻浮林中。以純金爲地。於其地上作七寶樓其樓四門七寶所成。七寶行樹。其樹皆懸寶衣瓔珞種種眞珠妙好寶蓋及諸寶器。以用莊嚴。復有諸香妙寶華果以莊校樹。散種種華。縵綖繒纊以爲敷具。懸諸繒旛。聖王金輪於樓觀前懸處虛空。去地七尺。令白象寶在如來後持七寶樹。其樹復有眞珠繒帛種種瓔珞。以用莊校。其上復有七寶妙蓋。使玉女寶於如來前磨牛頭旃檀及黑沈水。用散佛上。以摩尼珠寶置於佛前。寶珠金輪王光微妙常明。徧滿閻浮檀林。晝夜無異。寶藏如來常身光明微妙清淨。徧滿三千大千世界。以牛頭旃檀爲一一聲聞作諸牀

榻。一一牀邊。牛頭栴檀以爲几凳。一一座後有白象
寶持七寶樹。種種莊嚴。亦如如來。一一座前有玉女
寶磨牛頭栴檀及黑沈水。散以供養。於此一一聲聞
座前。各各安置摩尼寶珠。其園林中作種種技樂。其
園外邊有四兵寶周帀圍繞。善男子。時轉輪王淸旦
出城。向於佛所。既至林外。如法下車。步至佛所。至佛
所已。頭面禮足。右繞三帀。自行澡水。手自斟酌上妙
肴膳。佛及大衆飲食已訖。捨鉢漱口。時轉輪王手執
寶扇。以扇如來及一一聲聞。時王千子及八萬四千
諸小王等。悉皆供養一一聲聞。如轉輪王供養世尊。

尋於食後，有百千無量億那由他眾生入閻浮林，於如來所聽受正法。爾時虛空中有百千無量億那由他諸天，散諸天華，作天技樂，以供養佛。是時虛空中有天衣瓔珞種種寶蓋而自回轉。復有四萬青衣夜叉，於旃檀林取牛頭旃檀，為佛大眾然火熟食。時轉輪王其夜於佛及大眾前，然百千無量億那由他燈。善男子，時轉輪王頂戴一燈，肩荷二燈，左右手中執持四燈，其二膝上各置一燈，兩足趺上亦各一燈。如是竟夜供養如來，佛神力故，身心快樂無有疲極。譬如比丘入第三禪，轉輪聖王所受快樂亦復如是。如是供養終竟三月。時王千子。及八萬四千諸小王等。百千無量億那由他眾。亦以妙食供養一一諸聲聞等。亦如聖王所食肴膳。亦滿三月。其玉女寶亦以種種華香供養。如轉輪王供養於佛等無差別。其餘眾生華香供養。亦如玉女供養聲聞無有異也。善男子。時轉輪王過三月已。以主藏寶臣貢上如來。閻浮檀金作龍頭瓔八萬四千。上金輪寶。白象紺馬。摩尼珠寶。妙好火珠。主藏臣寶。主四兵寶。諸小王等。安周羅城。諸小城邑。七寶衣樹。妙寶華聚。種種寶蓋。轉輪聖王所著妙衣。種種華鬘。上妙瓔珞。七寶妙車。種種寶

牀七寶頭目。交絡寶網。閻浮金鎖。寶眞珠貫上妙履
屣綩綖茵蓐。微妙几凳七寶器物。鐘鼓技樂。寶鈴珂
貝。園林幢旛。寶罐燈燭。七寶鳥獸。雜廁妙扇。種種諸
藥。如是等物。各八萬四千。以用奉施佛及聖衆。作是
施已。白佛言。世尊。我國多事。有諸不及。今我悔過。唯
願如來久住此國。復當令我數得往來。禮拜圍繞恭
敬供養尊重讚歎。彼王諸子在佛前坐。一一王子復
各請佛及比丘僧。終竟三月奉諸所安。唯願許可。爾
時如來默然許之。時轉輪王已知如來受諸子請。頭
面禮佛及比丘僧。右繞三帀。歡喜而去。善男子。時王

千子。第一太子名曰不眴。終竟三月供養如來及比丘僧。奉諸所安。一如聖王。時轉輪王日至佛所瞻覲尊顏及比丘僧。聽受妙法。善男子。爾時大臣寶海梵志周徧到於閻浮提內。男子女人童男童女一切人所乞求所須。爾時梵志先要施主。汝今若能歸依三寶發阿耨多羅三藐三菩提心者。然後乃當受汝所施。時閻浮提一切衆生。其中乃至無有一人不從梵志受三歸依。發阿耨多羅三藐三菩提心者。旣令諸人受教戒已。卽便受其所施之物。爾時梵志令百千億無量衆生住三福處。及發阿耨多羅三藐三菩提

心。太子不眴供養如來及比丘僧竟三月已。所奉達
嚫八萬四千金龍頭瓔。唯無聖王金輪白象紺馬玉
女藏臣主兵摩尼寶珠。其餘所有金輪象馬妙好火
珠。童男童女。七寶衣樹。七寶華聚。種種寶蓋微妙衣
服。種種華鬘。上妙瓔珞。七寶妙車。種種寶牀。七寶頭
目。交絡寶網。閻浮金鎖。寶真珠貫上妙履屣。綩綖茵
褥。微妙几凳。七寶器物。鐘鼓技樂。寶鈴珂貝。園林幢
旛。寶罐燈燭。七寶鳥獸。雜廁妙扇。種種諸藥。如是等
物各八萬四千。以奉獻佛及比丘僧。作是施已。白佛
言。世尊。所有不及。今日悔過。時第二王子名曰尼摩。

終竟三月。供養如來及比丘僧。如不眴太子。所奉達嚫如上所說。第三王子名曰王衆。第四王子名能伽羅。第五王子名曰無所畏。第六王子名曰虛空。第七王子名曰善臂。第八王子名曰泯圖。第九王子名曰蜜蘇。第十王子名曰濡心。十一王子名曹伽奴。十二王子名摩樗滿。十三王子名摩奴摸。十四王子名摩磋鹿滿。十五王子名摩闍奴。十六王子名曰無垢。十七王子名阿闍滿。十八王子名曰無缺。十九王子名曰義雲。二十王子名因陀羅。二十一名尼婆盧。二十二名尼伽殊。二十三名曰月念。二十四名曰日念。二十五名曰王念。二十六名金剛念。二十七名忍辱念。二十八名曰住念。二十九名曰遠念。三十名曰寶念。三十一名羅睺。三十二名羅睺力。三十三名羅睺質多羅。三十四名羅摩質多羅。三十五名曰國財。三十六名曰欲轉。三十七名蘭陀滿。三十八名羅刹盧蘇。三十九名羅耶輸。四十名炎磨。四十一名夜婆滿。四十二名夜闍盧。四十三名夜磨區。四十四名夜墮殊。四十五名夜頗奴。四十六名夜娑奴。四十七名南摩殊帝。四十八名阿藍遮奴。如是等聖王千子。各各三月供養如來及比丘僧。一切所須衣服飲食臥具醫

藥。亦復皆如第一太子。所奉達嚫種種之物。亦復各
各八萬四千。因其所施各各發心。或願忉利天王。或
求梵王。或求魔王。或求轉輪聖王。或願大富。或求聲
聞。是諸王子。其中乃至尚無一人求於緣覺。況求大
乘。時轉輪王因布施故。而復還求轉輪王位。是時聖
王及其千子。如是供養滿二百五十歲。各各向佛及
比丘僧悔諸不及。善男子。時寶海梵志尋往佛所而
白佛言。唯願如來及比丘僧。滿七歲中受我供養衣
服飲食臥具醫藥。爾時如來默然許可。受梵志請。善
男子。爾時梵志供養如來及比丘僧所須之物。亦如

聖王之所供養。善男子。寶海梵志復於後時作如是念。我今已令百千億那由他衆生發阿耨多羅三藐三菩提心。然我不知轉輪聖王所願何等。爲願人王天王聲聞緣覺。爲求阿耨多羅三藐三菩提。若我來世必成阿耨多羅三藐三菩提。度未度者。解未解者。未離生老病死憂悲苦惱悉令得離。未滅度者令得滅度。定如是者。我於夜臥。當有諸天魔梵諸龍及夜叉等。諸佛世尊聲聞沙門婆羅門等。爲我現夢。說此聖王之所志求。爲求人王。爲求天王。爲求聲聞辟支佛乘。阿耨多羅三藐三菩提耶。善男子。時寶海梵志於睡眠中見有光明。因此光故。即見十方如恆河沙等諸世界中。在在處處諸佛世尊。彼諸世尊各各遙以妙好蓮華與此梵志。其華微妙。銀莖金葉。瑠璃為鬚。碼碯為茸。各於華臺見日輪像。於日輪上各各悉有七寶妙蓋。一一日輪各各皆出六十億光。是諸光明皆悉來入梵志口中。自見其身滿千由旬。淨無垢穢。譬如明鏡。見其腹內有六十億那由他百千菩薩在蓮華上結跏趺坐三昧正受。復見日鬘圍繞其身。於諸華中出諸技樂踰於天樂。善男子。爾時梵志又見其王血汙其身。四方馳走。面首似豬。噉種種蟲。既噉蟲已。坐伊蘭樹下。有無量衆生來食其身。唯有骨鎖。捨骨鎖已。數數受身。亦復如是。於是復見諸王子等。或作豬面。或作象面。或水牛面。或師子面。或狐狼豹面。或獼猴面。以血汙身。亦各皆噉無量衆生。坐伊蘭樹下。復有無量衆生來食其身。乃至骨鎖。離骨鎖已。數數受身。亦復如是。或見王子須曼那華以作瓔珞。載小弊車。駕以水牛。從不正道南向馳走。復見四天大王釋提桓因大梵天王來至其所。告梵志言。汝今四邊所有蓮華。應先取一華與轉輪王。一一王子各與一華。其餘諸華與諸小王。次與汝子。并及餘人。

梵志得聞如是語已。卽如其言悉取賦之。如是夢已
忽然而寤。從臥起坐。憶念夢中所見諸事。尋時得知
轉輪聖王所願卑下。愛樂生死。貪著世樂。我今復知
諸王子中。或有所願卑小下劣。以諸王子有發心求
聲聞乘者。故我夢見須曼那華以作瓔珞。載水牛車。
於不正道南向馳走。我何緣故昨夜夢中見大光明。
及見十方無量世界。在在處處諸佛世尊。以我先教
勸閻浮提內無量衆生。悉令安住三福處故。是故於
夢得見光明。及見十方無量世界在在處處諸佛世
尊。以我教勸閻浮提內一切衆生。發阿耨多羅三藐

三菩提心。請寶藏佛及比丘僧足滿七歲奉諸所安。是以夢中見十方諸佛與我蓮華。以我發阿耨多羅三藐三菩提心故。是以夢中見十方諸佛與我寶蓋。如我所見蓮華臺中見日輪像。有無量光明入我口中。及見大身滿千由旬。七寶蓋上以日爲飾。及見腹內有六十億百千菩薩。在蓮華上結跏趺坐。三昧正受。時梵天王所可教敕。賦諸蓮華。如是等夢非我所解。唯有如來乃能解之。我今當往至世尊所。問其所以。何因緣故見是諸事。善男子。爾時寶海梵志過夜清旦。即至佛所。飲食已辦。自行澡水。手自斟酌上妙

肴膳食已行水收舉鉢訖卽於一面坐卑小牀欲聽
妙法爾時聖王及其千子無量無邊百千大衆出安
周羅城恭敬圍繞向閻浮園到園外已如法下車步
至佛所頭面禮佛及比丘僧在佛前坐爲欲聽法爾
時梵志如夢中所見具向佛說佛告梵志汝夢所見
有大光明十方無量如恆河沙等諸世界中在在處
處諸佛世尊與汝蓮華於華臺中有日輪像大光入
口以汝先於二百五十年中教閻浮提內無量衆生
令住三福處復令無量衆生發阿耨多羅三藐三菩
提心於今復作如是大施供養如來及比丘僧以是

故十方諸佛授汝阿耨多羅三藐三菩提記。十方如恆河沙等諸佛世尊現在說法。與汝蓮華銀莖金葉瑠璃爲鬚碼碯爲茸。蓮華臺中有日輪像。如是等事。皆是汝之受記相貌。梵志汝夢所見十方如恆河沙等諸世界中。在在處處諸佛世尊現在說法。彼諸世尊所可與汝七寶妙蓋。蓋上莊飾至梵天者。汝於來世當於夜分成阿耨多羅三藐三菩提。即於其夜有大名稱徧滿十方如恆河沙等諸世界中。上至梵天。當得無見頂相。無能過者。即是汝之成道初相。汝夢見大身。又見日鬘而自圍繞者。汝於來世成阿耨多

羅三藐三菩提已。汝先所可於閻浮提內。教無量眾
生令發阿耨多羅三藐三菩提心者。亦當同時於十
方如微塵等世界之中。成阿耨多羅三藐三菩提。亦
皆各各發此讚言。我於往昔為寶海梵志之所勸化。
發阿耨多羅三藐三菩提心。是故我等今日悉成阿
耨多羅三藐三菩提。某甲世尊。即是我之眞善知識。
爾時諸佛。各各自遣諸大菩薩。為供養汝故。諸菩薩
等以先所得已佛世界種種自在師子遊戲神足變
化而以供養。爾時諸菩薩種種供養已。於彼聽法。得
陀羅尼三昧忍辱。是諸菩薩聽受法已。各還本土。向

佛世尊稱說汝國所有諸事。梵志。如是夢事。皆是汝之成道相貌。梵志。汝所夢見於其腹內有無量億諸大菩薩。在蓮華上結跏趺坐三昧正受者。汝於來世成阿耨多羅三藐三菩提已。復當勸化無量億百千衆生。令不退於阿耨多羅三藐三菩提。汝入無上涅槃已。其後未來之世。當有十方世界無量諸佛法王世尊。亦當稱汝名字。作如是言。過去微塵數等大劫有某甲佛。是佛世尊勸化我等。安住於阿耨多羅三藐三菩提。令不退轉。是故我等今成阿耨多羅三藐三菩提。作正法王。梵志。如是等夢。皆是汝之成道相貌。梵志。汝夢所見人形豬面。乃至獼猴面。以血汗身。噉種種蟲已。坐伊蘭樹下。無量衆生唼食其身。乃至骨鎖。離骨鎖已。數數受身者。有諸癡人住三福處。所謂布施調伏善攝身口。如是人等。當生魔天。有退沒苦。若生人中。受生老病死憂悲惱苦。愛別離苦。怨憎會苦。所求不得苦。生餓鬼中。受飢渴苦。生畜生中。無明黑暗有斷頭苦。生地獄中。受種種苦。欲得遠離如是諸苦。是故安住修三福處。願求天王轉輪聖王。或欲主領一四天下。乃至主領四四天下。如是癡人食一切衆生。是衆生等復當還食如是癡人。如是展轉行於生死。不可得量。梵志。如是夢者。卽是久受生死之相貌也。梵志。汝夢所見有諸人等。須曼那華以作瓔珞。載小弊車。駕以水牛。於不正道南向馳走。梵志。卽是安住於善福事。能自調伏。令得寂靜。向聲聞乘者之相貌也。善男子。爾時寶海梵志白轉輪王言。大王當知。人身難得。王今已得。成就無難。諸佛世尊出世甚難。過優曇華。發善欲心及作善願。乃復甚難。大王今者若願天人。卽是苦本。若欲得主一四天下及二三四。亦是苦本。輪轉生死。大王。若生人天。皆是無常。無決定相。猶如疾風。其人貪樂於五欲中心不厭足猶如小兒見水中月若有願求在天人中受放逸樂其人數數墮於地獄受無量苦若生人中受愛別離苦怨憎會苦若生天上有退沒苦當復數數有受胎苦復有種種互相食噉奪命之苦癡如嬰兒心不知厭何以故離善知識故不作正善願故不行精進故應得者不得故應解者不解故應證者不證故癡如嬰兒無所識別唯菩提心能離苦惱無有遺餘而反生厭世間生死數數受苦而更甘樂遂令諸苦轉復增長大王今當思惟生死有如是等種種諸苦大王今者已供養佛已種善根是故於三寶中應生深

信。大王當知先所供養佛世尊者。即是來世大富之因。愛護禁戒。即是來世八天中因。今者聽法。即是來世智慧因也。大王今者已得成就如是等事。便應發阿耨多羅三藐三菩提心。時王答言。梵志。我今不用如是菩提。我心今者愛樂生死。以是緣故。布施持戒聽受妙法。梵志。無上菩提甚深難得。是時梵志復白大王。是道清淨。應當一心具足願求。是道無濁。心清淨故。是道正直。無諂曲故。是道鮮白。離煩惱故。是道廣大。無障礙故。是道含受。多思惟故。是道無畏。不行諸惡故。是道大富。行檀波羅蜜故。是道清淨。行尸波

羅蜜故。是道無我。行羼提波羅蜜故。是道不住。行毗
梨耶波羅蜜故。是道不亂。行禪波羅蜜故。是道善擇
行般若波羅蜜故。是道乃是眞實智慧之所至處。行
大慈故。是道不退行大悲故。是道歡喜。行大喜故。是
道堅牢。行大捨故。是道無刺棘。常遠離欲恚惱覺故。
是道安隱。心無障礙故。是道無賊。善分別色聲香味
觸故。是道壞魔。善分別陰入界故。是道離魔。斷諸結
故。是道妙勝。離聲聞緣覺所思惟故。是道徧滿。一切
諸佛所受持故。是道珍寶。一切智慧故。是道明淨智
慧光明無障礙故。是道善說。爲善知識之所護故。是

道平等。斷愛憎故。是道無塵。離恚穢忿怒故。是道善趣。離一切不善故。大王。是道如是能到安樂之處。乃至涅槃。是故應發阿耨多羅三藐三菩提心。爾時轉輪聖王答大臣言。梵志。今者如來出現於世。壽八萬歲。其命有限。不能悉為一切衆生斷諸惡業。令種善根。種善根已。安置聖果。或得陀羅尼三昧忍辱。或得菩薩勝妙善根。諸佛授記。得阿耨多羅三藐三菩提。或少善根。於天人中受諸快樂。是諸衆生各各自受善不善報。梵志。於衆生中乃至一切人無善根者。如來不能說斷苦法。如來世尊雖為福田。無善根者不能令斷諸苦惱法。梵志。我今發阿耨多羅三藐三菩提心。我行菩薩道時。修集大乘。入於不可思議法門。敎化衆生而作佛事。終不願於五濁之世穢惡國土發菩提心。我今行菩薩道。願成阿耨多羅三藐三菩提時。世界衆生無諸苦惱。若我得如是佛刹者。爾乃當成阿耨多羅三藐三菩提。善男子。爾時寶藏多陀阿伽度阿羅訶三藐三佛陀。卽入三昧。其三昧名見種種莊嚴。入三昧已。作神通變化。放大光明。以三昧力故。現十方世界。一一方面各千佛刹微塵數等諸佛世界種種莊嚴。或有世界佛已涅槃。或有世界佛始涅槃。或有世界其中菩薩始坐道場菩提樹下降伏魔怨。或有世界佛始成道便轉法輪。或有世界佛久成道方轉法輪。或有世界純諸菩薩摩訶薩等徧滿其國無有聲聞緣覺之名。或有世界佛說聲聞辟支佛乘。或有世界無佛菩薩聲聞緣覺。或有世界五濁弊惡。或有世界清淨微妙無諸濁惡。或有世界卑陋不淨。或有世界嚴淨妙好。或有世界壽命無量。或有世界壽命短促。或有世界有大火災。或有世界有大水災。或有世界有大風災。或有世界劫始欲成。或有世界成就已竟。有如是等無量世界。微妙光明悉皆徧照。令得顯現。爾時大衆悉見如是等無量清淨諸佛世界種種莊嚴。時寶海梵志白轉輪王。大王今者已得見此諸佛世界種種莊嚴。是故今應發阿耨多羅三藐三菩提心。隨意欲求何等佛土。善男子。時轉輪王向佛叉手而白佛言。世尊。諸菩薩等以何業故。取清淨世界。以何業故。取不淨世界。以何業故。壽命無量。以何業故。壽命短促。佛告聖王。大王當知。諸菩薩等以願力故。取清淨土。離五濁惡。復有菩薩以願力故。求五濁惡。爾時聖王前白佛言。世尊。我今還城。於閑靜處專心思惟。當作是願。如我所見佛土相藐離五濁惡。願求清淨莊嚴世界。佛告聖王。宜知是時。善男子。時轉輪王頭面禮佛及比丘僧。右繞三帀。即退而去。便還入城。到所住處。自宮殿中在一屏處。一心端坐。思惟修習種種莊嚴已佛世界。善男子。時寶海梵志次白太子不眴。善男子。汝今亦當發於阿耨多羅三藐三菩提心。如汝所行三福處者。所謂布施調伏善攝身口。及所修行清淨善業。盡應和合回向阿耨多羅三藐三菩提。爾時太子作如是言。我今先應還至宮殿。在一屏處端坐思惟。若我必能發阿耨多羅三藐三菩提心者。我當還來至於佛所。當於佛前畢定發心。願取種種淨妙佛土。爾時太子頭面禮佛及比丘僧。右繞三帀。卽退而去。至本宮殿。在一屏處一心端坐。思惟修習種種莊嚴已佛世界。善男子。爾時梵志復白第二王子。作如是言。善男子。汝今當發阿耨多羅三藐三菩提心。如是聖王千子。皆悉教化令發阿耨多羅三藐三菩提心。爾時梵志復教化八萬四千諸小王等。及餘九萬二千億衆生。令發阿耨多羅三藐三菩提心。一切大衆皆作是言。梵志。我等今當各各還至所住之處。在一靜處一心端坐。思惟修習種種莊嚴已佛世界。如是大衆一心寂靜。

於七歲中。各各於已本所住處。一心端坐思惟修習。種種莊嚴已佛世界。善男子。寶海梵志復於後時作如是念。今我教化無量百千億那由他衆生。令發阿耨多羅三藐三菩提心。我今已請佛及大衆於七歲中奉諸所安。若我當來必成阿耨多羅三藐三菩提所願成就者。我當勸喻天。龍鬼神阿脩羅乾闥婆緊那羅。摩睺羅伽。夜叉。羅剎拘辦荼等。令其供養如是大衆。善男子。爾時梵志即念毗沙門天王。善男子。爾時天王即知梵志心之所念。與百千億無量夜叉恭敬圍繞至梵志所。尋於其夜。在梵志前作如是言。梵志有何教敕梵志問言汝是誰耶毗沙門言梵志汝頗曾聞毗沙門王不即我身是欲何所敕時梵志言善來大王我今供養如是大衆汝可助我共供養之毗沙門王言敬如所敕隨意所須梵志復言大王若能隨我意者令諸夜叉發阿耨多羅三藐三菩提心復當宣告諸夜叉等欲得福者欲得阿耨多羅三藐三菩提者可渡大海日日往取牛頭旃檀及以沈水幷諸餘香種種諸香種種諸華持來至此亦當如我日日供養佛及衆僧爾時天王聞是語已還至住處擊鼓集會夜叉羅刹唱如是言卿等知不此閻浮提

有轉輪聖王名無諍念。有梵志名曰寶海。卽是聖王之大臣也。終竟七歲。請佛及僧奉諸所安。卿等於此福德應生隨喜。生隨喜已。以是善根。發心回向阿耨多羅三藐三菩提。善男子。爾時有百千無量億那由他夜叉等。叉手合掌作如是言。若寶海梵志。於七歲中供養如來及比丘僧奉諸所安。所得善根福報。我等隨喜。以是隨喜善根故。令我等成阿耨多羅三藐三菩提。爾時天王復作是言。卿等諦聽。欲得福德及善根者。便可日日渡於大海。爲彼梵志取牛頭栴檀及以沈水。熟食飯佛及比丘僧。時有九萬二千夜叉。

同時發言。天王。我等今者於七歲中。常當取是牛頭旃檀及以沈水。與彼梵志熟食飯佛及比丘僧。復有四萬六千夜叉。亦同聲言。我等當取微妙諸香與彼梵志供養如來及比丘僧。復有五萬二千諸夜叉等亦各同聲作如是言。我等當取種種妙華與彼梵志。供養如來及比丘僧。復有二萬諸夜叉等亦同聲言。我等當取諸味之精與彼梵志調和飲食以供養佛及比丘僧。爾時復有七萬夜叉。亦同聲言。我等當往與作飲食供養如來及比丘僧。善男子。爾時梵志復作是念。次當勸喻毗樓勒叉天王毗留羅叉天王提頭賴吒天王。作是念已。爾時三王卽知其念。往梵志所。乃至還所住處。毗樓勒叉與百千億那由他拘辦茶等。毗留羅叉天王與百千無量億那由他諸龍。提頭賴吒與百千無量億那由他諸乾闥婆。乃至發阿耨多羅三藐三菩提心。亦如是善男子。爾時梵志卽復念於第二天下四天大王。彼四天王以佛力故。至梵志所作如是言。梵志今者欲何所敕。梵志答言。我今勸汝與諸眷屬發阿耨多羅三藐三菩提心。四天王言。敬如所敕。卽各還至所住之處。與諸眷屬悉共發於阿耨多羅三藐三菩提心。如是乃至三千大千世界。百億毗沙門王。發阿耨多羅三藐三菩提心。百億毗樓勒叉天王。百億毗樓羅叉。百億提頭賴吒。各各自與所有眷屬。亦復如是。發阿耨多羅三藐三菩提心。善男子。爾時梵志復作是念。若我未來必成阿耨多羅三藐三菩提。所願成就得已利者。當令一切諸天。皆使得此福德之分。亦勸使發阿耨多羅三藐三菩提心。若我來世以是善根。必成阿耨多羅三藐三菩提者。忉利天王當來至此與我相見。夜摩天子。兜術天子。化樂天子。他化自在天子。亦當來此與我相見。善男子。爾時梵志作是念已。忉利天王。夜摩天王。兜術天王。化樂天王。他化自在天王。悉皆來此與梵志相見。作如是言。梵志今者欲何所敕。梵志答曰。汝是誰也。時五天王各稱姓名。復言梵志欲何所敕。不須在此大會使耶。梵志答言。天王當知。汝等天上所有妙寶臺殿樓閣。有諸寶樹及諸衣樹。香樹華樹果蓏之樹。天衣天座綩綖茵褥。上妙寶器及以瓔珞。天幢天蓋諸繒幡等。種種莊嚴。諸天所有種種技樂。汝等可以如此之物。種種莊嚴此閻浮園。供養於佛及比丘僧。時五天王作如是言。敬如所敕。時諸天王各各還至所住之處。忉利天王告毗樓勒天子。夜摩天王告阿茶滿天子。兜術天王告路醯天子。化樂天王告拘陀羅天子。他化自在天王告難陀天子。各作是言。卿今當下閻浮提界。以此所有種種莊嚴彼閻浮園。懸諸瓔珞。敷種種座。如諸天王種種莊嚴。爲如來故。作寶高樓。當使如此忉利天上所有寶樓。是諸天子聞是敎已。卽下來至閻浮提中。尋於其夜。種種莊嚴是閻浮園。以諸寶樹乃至天旛而莊校之。爲如來故作七寶樓。如忉利天所有寶樓。是五天子以諸寶物種種莊嚴閻浮提園已。尋還天上。各白其王。大王當知。我等已往莊校彼園。所有之物如此無異。爲如來故作七寶樓。如忉利天所有寶樓等無差別。善男子。如忉利天王。夜摩天王。兜術天王。化樂天王。他化自在天王。卽便來至閻浮提中。到梵志所。作如是言。梵志。我今已爲佛及衆僧莊校此園。更何所敕。願便說之。梵志答言。汝等各各自於境界有自在力。可集諸天。汝持我言。閻浮提內有大梵志名曰寶海。於七歲中。請佛世尊及無量僧奉諸所安。卿等今者於此福德應生隨喜。生隨喜已。發心回向阿耨多羅三藐三菩提。是故應往佛所見佛世尊及比丘僧。供養所須聽受妙法。時五天王從梵志所聞是言已。各各自還至所住處。爾時忉利天王釋提桓因。即集諸天而告之曰。卿等當知。閻浮提內有轉輪聖王。名無諍念。有大梵志名曰寶海。即其聖王之大臣也。請佛世尊及無量億僧。終竟七歲奉諸所安。我已先爲佛比丘僧取諸寶物。種種莊嚴彼閻浮園。卿等以是善根因緣。應生隨喜。生隨喜已。發心回向阿耨多羅三藐三菩提。亦令梵志得如所願。善男子。爾時百千無量億那由他忉利天子。恭敬叉手作如是言。我等今者於是善根生隨喜心。以是隨喜故。令我等一切得成阿耨多羅三藐三菩提。夜摩天王。兜術天王。化樂天王他化自在天王。如是等各集諸天而告之曰。卿等當知。閻浮提內有轉輪聖王。名無諍念。有大梵志名曰寶海。即其聖王之大臣也。請佛世尊及無量億僧終竟七歲。奉諸所安。我已先爲佛比丘僧。取諸寶物種種莊校。彼閻浮園。卿等以是善根因緣故。應生隨喜。生隨喜已。發心回向阿耨多羅三藐三菩提。當令梵志得如所願。善男子。爾時四天王各有百千無量億那由他天子。恭敬叉手作如是言。我等今者於是善根生隨喜心。以是隨喜故。令我等一切皆得成阿耨多羅三藐三菩提。爾時五王各各告言。卿等今當至閻浮提。見寶藏佛及比丘僧。禮拜圍繞恭敬供養尊重讚歎。善男子。時五天王各各於夜。一一將諸天子天女童男童女。及餘眷屬百千億那由他眾。前後圍繞。來至佛所。頂禮佛足及比丘僧。從佛聽法。至明清旦。還住虛空。以種種天華。優鉢羅華。鉢頭摩華。拘物頭華。芬陀利華。須曼那華。婆尸師華。阿提目多伽占婆伽華。曼陀羅華。摩訶曼陀羅華。以散大會。如雨而下。并鼓天樂而以供養。善男子。爾時寶海梵志復作是念。若我當來必成阿耨多羅三藐三菩提。所願成就得已利者。復當教化諸阿脩羅。悉令發阿耨多羅三藐三菩提心。善男子。爾時梵志作是念已。有五阿脩羅王到梵志所。乃至百千無量億那由他阿脩羅男子女人童男童女。如梵志教。發阿耨多羅三藐三菩提心。至於佛所聽受妙法。善男子。爾時寶海梵志復作是念。若我當來必成阿耨多羅三藐三菩提所願成就得已利者。復當教化天魔波旬。令發阿耨多羅三藐三菩提心。善男子。時魔波旬卽知梵志心之所念。尋與百千無量億那由他男子女人童男童女至梵志所。敬如教敕。發阿耨多羅三藐三菩提心。乃至聽法亦復如是。

悲華經卷第二

音釋

綩綖綩於阮切綖以然切綩綖坐褥也 凳都鄧切 鑵古玩切瓶屬 厠初吏切

眴許願切 達嚫梵語也此云檀施嚫初槿切 瞢武亘切 樗丑居切 摸莫胡切

茸如容切 蓏郎果切無核曰蓏

悲華經卷第三

北涼天竺三藏法師曇無讖譯

大施品第三之二

佛復告寂意。善男子。爾時梵志復作是念。若我當來成阿耨多羅三藐三菩提所願成就得巳利者。次當教化大梵天王發阿耨多羅三藐三菩提心。時梵天王即知梵志心之所念。到梵志所作如是言。欲何所救。梵志問言。汝是誰也。梵王報言。我是大梵天王。梵志荅言。善來王可還天上集會諸天。汝持我言。閻浮提內有大梵志。名曰寶海。於七歲中。請佛世尊及無量僧奉諸所安。卿等今者於此福德應生隨喜。生隨喜已。發心回向阿耨多羅三藐三菩提。爾時梵王聞是敎已。尋還天上。聚集諸梵。而告之言。卿等當知。閻浮提內有轉輪聖王。名無諍念。有大梵志。名曰寶海。卽其聖王之大臣也。請佛世尊及無量僧。終竟七歲奉施所安。卿等以是善根應生隨喜。生隨喜已。發心回向阿耨多羅三藐三菩提。當令寶海得如所願。善男子。爾時百千無量億那由他諸梵天子。恭敬叉手作如是言。我等今者於是善根生隨喜心。以是隨喜故。悉令我等一切皆得阿耨多羅三藐三菩提。復更告言卿等今當至閻浮提見寶藏佛及比丘僧禮拜圍繞恭敬供養尊重讚歎善男子時梵天王與百千無量億那由他諸梵天子前後圍繞來至佛所頭面禮佛足及比丘僧聽受妙法善男子爾時梵志復作是念復當教化第二天下忉利天王夜摩天王兜術天王化樂天王他化自在天王以佛力故即各來至是梵志所各作是言欲何所勅梵志問言汝是誰也各各答言我是其餘忉利天王乃至他化自在天王梵志報言汝等各還至所住處汝持我言閻浮提內有轉輪王名無諍念有大梵志名曰寶海即其聖王

之大臣也。終竟七歲供養如來及比丘僧。卿等以是善根應生隨喜。生隨喜已發心回向阿耨多羅三藐三菩提。忉利天王乃至他化自在天王聞是語已。各各還至所住之處。卽集會諸天而告之言。卿等當知。閻浮提內有轉輪聖王。名無諍念。有大梵志名曰寶海。卽其聖王之大臣也。終竟七歲供養如來及比丘僧。卿等以是善根因緣故。應生隨喜。生隨喜已發心回向阿耨多羅三藐三菩提。善男子。時諸天衆恭敬叉手作如是言。我等今者於是善根生隨喜心。以隨喜故悉令我等一切皆得成阿耨多羅三藐三菩提。

復更告言。卿等今者當至佛所。見佛世尊及比丘僧。
禮拜圍繞恭敬供養。尊重讚歎。善男子。爾時忉利天
王乃至他化自在天王。各各悉與百千無量億那由
他天子天女童男童女及餘眷屬。前後圍繞來至佛
所。頂禮佛足及比丘僧。聽受妙法。第二天下五阿脩
羅王。夫魔波旬。大梵天王亦復如是。第三第四第五
乃至三千大千佛之世界。百億忉利天。百億夜摩天。
百億兜率天。百億化樂天。百億他化自在天。百億五
阿脩羅王。百億魔波旬。百億大梵天王及無量億百
千那由他眷屬悉發阿耨多羅三藐三菩提心以佛

力故皆共來到此四天下至於佛所頭面禮佛及比丘僧聽受妙法爾時大衆悉皆徧滿此間三千大千世界無空缺處善男子爾時寶海梵志復作是念我今已得教化百億毗沙門天王乃至百億大梵天王而我今者所有誓願已得自在復作是念若我來世必成阿耨多羅三藐三菩提逮得已利所願成就者願佛世尊爲諸大衆示現種種神足變化以神力故令此三千大千世界所有畜生餓鬼地獄及世人等悉皆得離一切苦惱純受諸樂各於一一衆生之前有一化佛勸彼衆生令發阿耨多羅三藐三菩提心

善男子。爾時寶藏如來尋知寶海心之所念。卽時入
於無熱三昧。爾時世尊入是三昧已。示現如是神足
變化。一一毛孔放於無量無邊光明。其光微妙徧照
三千大千世界。及照地獄。冰凍衆生遇之則溫。熱惱
衆生遇之則涼。飢渴衆生遇之則飽。受最妙樂。一一
衆生各於其前有一化佛。三十二相瓔珞其身。八十
種好次第莊嚴。彼諸衆生受快樂已。作如是思惟。我
等何緣得離苦惱受是妙樂。爾時衆生見於化佛。三
十二相而自瓔珞。八十種好次第莊嚴。見如是已。各
作是言。蒙是成就大悲恩者。令我得離一切苦惱受

於妙樂爾時衆生以歡喜心瞻戴尊顏爾時化佛告諸衆生汝等皆應稱南無佛發阿耨多羅三藐三菩提心從是已後更不受苦常受第一最妙快樂彼諸衆生尋作是言南無世尊發阿耨多羅三藐三菩提心以此善根斷一切惡而於其中尋得命終轉生人中熱惱衆生以蒙光故尋得清涼離飢渴苦受諸妙樂乃至生於人中如地獄畜生餓鬼人亦如是其光徧照諸世界已還繞佛身滿三帀已從頂上入是時卽有無量無邊人天夜叉阿脩羅乾闥婆諸龍羅刹得不退轉於阿耨多羅三藐三菩提復有不可計衆

生得陀羅尼三昧忍辱。爾時閻浮人。聞無量諸天爲佛世尊及比丘僧自以天上種種所有莊校嚴飾安周城外閻浮之園。如天莊嚴等無差別。是人復作是念。我等今者當往觀之。幷見如來及比丘僧。因聽受法。善男子。爾時日日常有百千無量億那由他男子女人童男童女。來至佛所。頭面禮佛及比丘僧。右繞三帀恭敬供養尊重讚歎。幷欲見此閻浮之園。其園門戶具足二萬。純七寶成。一一門前復敷五百七寶之牀。有五百梵志各坐其上。若有衆生欲入是園。此諸梵志輒便勸化。令其畢定歸依三寶。發阿耨多羅三藐三菩提心。然後乃聽入此園中。見於世尊及比丘僧。禮拜圍繞恭敬供養尊重讚歎。善男子。爾時梵志於七歲中。教化不可計天。令其畢定住於阿耨多羅三藐三菩提。復令不可計龍阿脩羅乾闥婆羅剎。拘辦茶毗舍遮餓鬼畜生地獄及人。畢定住於阿耨多羅三藐三菩提。善男子。爾時梵志過七歲已以八萬四千金輪。唯除天輪。八萬四千白象。七寶莊嚴。唯除象寶。乃至八萬四千種種諸藥。如是等物。欲以奉獻佛及衆僧。爾時轉輪聖王於七歲中心無欲欲無瞋恚欲無愚癡欲無憍慢欲無國土欲無兒息欲無玉女欲。無食飲欲。無衣服欲。無華香欲。無車乘欲。無睡眠欲。無想樂欲。無有我欲。無有他欲。如是七歲乃至無有一欲之心。常坐不臥。無晝夜想。無疲極想。亦復無聲香味觸想。而於其中常見十方。一一方面如萬佛土微塵數等諸佛世界清淨莊嚴。不見須彌及諸小山。大小鐵圍二山山中間幽冥之處。日月星辰諸天宮殿。其所見者唯見清淨莊嚴佛土。見是事已隨願取之。如轉輪聖王於七歲中得受快樂。見於清淨種種莊嚴諸佛世界。願取上妙清淨佛土。轉輪聖王太子不眴。乃至千子。八萬四千諸小王等。及九萬二

千億衆生等。各七歲中心無欲欲。乃至無有香味觸
想。各於靜處入定思惟。亦得見於十方世界。一一方
面如萬佛土微塵數等諸佛世界所有莊嚴。不見須
彌及諸小山。大小鐵圍二山中間幽冥之處。日月星
辰諸天宮殿。其所見者。唯見清淨莊嚴佛土。如其所
見隨而取之。如是一切諸大衆等。於七歲中。各得修
行種種法門。或願清淨佛土。或願不淨佛土。善男子。
爾時梵志過七歲已。持諸七寶奉獻於佛及比丘僧。
向佛合掌前白佛言。世尊。我已勸化轉輪聖王發阿
耨多羅三藐三菩提心。還至住處靜坐思惟。乃至不

聽一人令入我復勸化其王千子發阿耨多羅三藐
三菩提心是諸王子亦各還至所住之處靜坐思惟
乃至不聽一人令入八萬四千小王九萬二千億衆
生等亦發阿耨多羅三藐三菩提心各在靜處端坐
思惟乃至不聽一人令入世尊今當令是轉輪王等
從三昧起來至佛所及我先所教化令發阿耨多羅
三藐三菩提心者悉令集此佛世尊所一心端坐受
於清淨佛之世界不退轉於阿耨多羅三藐三菩提
從佛受記已當取國土及名姓字善男子爾時寶藏
如來即入三昧王三昧入是三昧已於其口中出種

種色光青黃赤白紫。如轉輪王在定中者。各於其前有化梵王作如是言。汝等今者可從定起至於佛所。見佛世尊及比丘僧。禮拜圍繞恭敬供養尊重讚歎。汝等當知。寶海梵志於七歲中作法會竟。今佛世尊復當遊行諸餘國土。時轉輪王等聞是言已尋從定起。爾時諸天在虛空中作諸技樂。是時聖王即便嚴駕。與其千子。八萬四千諸小王等九萬二千億人。前後導從。出安周羅城。向閻浮園。既到園外。如法下車步至佛所。頭面禮佛及比丘僧。卻坐一面。善男子。爾時梵志白聖王言。惟願大王持此寶物。并及大王先

於三月供養如來及比丘僧種種珍寶八萬四千安
周羅城如是福德令應回向阿耨多羅三藐三菩提
其王千子八萬四千諸小王等九萬二千億人皆悉
教令回向阿耨多羅三藐三菩提復作是言大王當
知以此布施不應求於忉利天王大梵天王何以故
王今福報所有珍寶皆是無常無決定相猶如疾風
是故應當以此布施所得果報令心自在速成阿耨
多羅三藐三菩提度脫無量無邊眾生令入涅槃

諸菩薩本受記品第四之一

爾時寶藏如來復作是念如是等無量眾生已不退

轉於阿耨多羅三藐三菩提。我今當與各各授記。拜爲示現種種佛土。爾時世尊卽入三昧。其三昧名不失菩提心。以三昧力故。放大光明。徧照無量無邊世界。皆悉令是轉輪聖王及無量衆生等。見無邊諸佛世界。爾時十方無量無邊諸餘世界。其中各各有大菩薩。蒙佛光故。以佛力故。各各悉來至於佛所。以巳所得神足變化。供養於佛及比丘僧。頭面禮足。右繞三帀。坐於佛前。欲聽如來爲諸菩薩受佛記莂。善男子。爾時寶海梵志復白聖王。大王今可先發誓願。取妙佛土。善男子。爾時聖王聞是語已。卽起合掌長跪向佛前白佛言。世尊。我今眞實欲得菩提。如我先於三月之中。以諸所須供養於佛及比丘僧。如是善根。我今回向阿耨多羅三藐三菩提。終不願取不淨佛土。世尊。我先已於七歲之中。端坐思惟種種莊嚴淸淨佛土。世尊。我今發願。令我成阿耨多羅三藐三菩提時。世界之中。無有地獄畜生餓鬼。一切衆生命終之後。令不墮於三惡道中。世界衆生皆作金色。人天無別。皆得六通。以宿命通力。乃至得知百千萬億那由他劫宿世之事。以淸淨天眼。悉見百千億那由他十方世界。亦見其中在在處處現在諸佛說微妙法。

以清淨天耳。悉聞百千億那由他十方世界。現在諸
佛說法之聲。以他心智故。知無量無邊億那由他十
方世界衆生之心。以如意通故。於一念中。徧於百千
億那由他諸佛世界周旋往反。令是衆生悉解無我
及無我所。皆得不退於阿耨多羅三藐三菩提。願我
世界無有女人及其名字。十一切衆生等一化生。壽命
無量。除其誓願。無有一切不善之名。世界清淨無有
臭穢。常有諸天微妙之香。悉皆充滿。一切衆生皆悉
成就三十二相而自瓔珞。所有菩薩皆是一生。除其
誓願。願我世界所有衆生於一食頃。以佛力故。徧至

無量無邊世界。見現在佛。禮拜圍繞。以其所得神足變化供養於佛。卽於食頃還至本土。而常讚說佛之法藏。身得大力如那羅延。世界所有莊嚴之事。乃至得天眼者不能盡說。所有衆生皆得四辯。一一菩薩所坐之樹。枝葉徧滿一萬由旬。世界常有淨妙光明。悉令他方世界無量佛土。種種莊嚴而於中現。所有衆生。乃至成阿耨多羅三藐三菩提。不行不淨。常爲其餘一切諸天人及非人之所恭敬。供養尊重。乃至成阿耨多羅三藐三菩提。而於其中常得六根清淨。卽於生時得無漏喜。受於快樂。自然成就一切善根。

尋於生時著新袈裟。便得三昧。其三昧名善分別。以三昧力。徧至無量諸佛世界。見現在佛。禮拜圍繞恭敬供養。尊重讚歎。乃至成阿耨多羅三藐三菩提。於此三昧無有退失。所有菩薩如其所願。各自莊嚴修淨妙土。於七寶樹中悉皆遙見諸佛世界。一切衆生尋於生時。得徧至三昧。以三昧力故。常見十方無量無邊諸世界中現在諸佛。乃至成阿耨多羅三藐三菩提。終不退失。願令我界所有衆生。皆得宮殿衣服瓔珞種種莊嚴。猶如第六他化自在天。世界無有山陵堆阜。大小鐵圍須彌大海。亦無陰蓋。及諸障礙煩惱之聲。無三惡道八難之名。無有受苦之名。及不苦不樂名。世尊。我今所願如是。欲得如是嚴淨佛土。世尊。我於來世便當久久行菩薩道。要得成就如是清淨佛土。世尊。我於來世作是希有事已。然後乃成阿耨多羅三藐三菩提。世尊。我成阿耨多羅三藐三菩提菩提之樹縱廣正等一萬由旬。於此樹下坐道場時。於一念中成阿耨多羅三藐三菩提已。常光照於無量無邊百千億那由他諸佛世界。令我壽命無量無邊百千億那由他劫。無能知者。除一切智。令我世界無有聲聞辟支佛乘。所有大眾純諸菩薩。無量無邊無能數者。除一切智。願我成阿耨多羅三藐三菩提已。令十方諸佛稱揚讚歎我之名字。願我成阿耨多羅三藐三菩提已。無量無邊阿僧祇餘佛世界所有衆生聞我名者。修諸善本。欲生我界。願其捨命之後。必定得生。唯除五逆。誹謗聖人。破壞正法。願我成阿耨多羅三藐三菩提已。其餘無量無邊阿僧祇諸佛世界所有衆生。若發阿耨多羅三藐三菩提。修諸善根。欲生我界者。臨終之時。我時當與大衆圍繞現其人前。其人見我。即於我所得心歡喜。以見我故。離諸障礙。即便捨身來生我界。願我成阿耨多羅三藐三菩提已諸菩薩摩訶薩所未聞法欲從我聞者如其所願悉令得聞願我成阿耨多羅三藐三菩提已其餘無量無邊阿僧祇世界在在處處諸菩薩等聞我名者即得不退轉於阿耨多羅三藐三菩提得第一忍第二第三有願欲得陀羅尼及諸三昧者如其所願必定得之乃至成阿耨多羅三藐三菩提無有退失我滅度後過諸算數劫已有無量無邊阿僧祇世界其中菩薩聞我名字心得淨信第一歡喜悉禮拜我歎未曾有是佛世尊為菩薩時已作佛事久久乃成阿耨多羅三藐三菩提彼諸菩薩得最第一信

心歡喜已。必定當得第一初忍第二第三。有願欲得陀羅尼門及諸三昧者。如其所願悉皆得之。乃至成阿耨多羅三藐三菩提無有退失。我成阿耨多羅三藐三菩提已。其餘無量無邊阿僧祇世界。有諸女人聞我名者。即得第一信心歡喜發阿耨多羅三藐三菩提心。乃至成佛終不復受女人之身。願我滅度已。雖經無量無邊阿僧祇劫。有無量無邊阿僧祇佛剎其中女人聞我名者。即得第一信心歡喜發阿耨多羅三藐三菩提心。乃至成佛終不復受女人之身。世尊。我之所願。如是佛土。如是衆生。世尊。若世界清淨

衆生如是者。然後乃成阿耨多羅三藐三菩提。善男
子。爾時寶藏如來讚轉輪王言。善哉善哉。大王今者
所願甚深。已取淨土。是中衆生其心亦淨。大王汝見
西方過百千萬億佛土。有世界名尊善無垢。彼世界
有佛名尊音王如來。應供正偏知明行足善逝世間
解無上士。調御丈夫天人師佛世尊。今現在爲諸菩
薩說於正法。彼界無有聲聞辟支佛名。亦無有說小
乘法者。純一大乘清淨無雜。其中衆生等一化生。亦
無女人及其名字。彼佛世界所有功德清淨莊嚴。悉
如大王所願無量種種莊嚴佛之世界等無差別。悉

以攝取無量無邊調伏衆生。今改汝字爲無量清淨。
爾時世尊便告無量清淨。彼尊音王佛過一中劫當般涅槃。般涅槃已正法住世滿十中劫。正法滅已過六十中劫。彼土轉名彌樓光明。當有如來出現於世。號不可思議功德王如來應供正偏知明行足善逝世間解無上士調御丈夫天人師佛世尊。是佛猶如尊音王如來。世界莊嚴如尊善無垢等無有異。其佛壽命六十中劫。佛滅度已正法住世六十中劫。正法滅已過千中劫。是時世界故名尊善無垢。復有佛出。號寶光明如來應供正偏知明行足善逝世間解無上士調御丈夫天人師佛世尊世界所有壽命多少。
正法住世亦如不可思議功德王佛等無有異。正法
滅已。是時世界轉名善堅。復有佛出號寶尊音王如
來。應供正徧知明行足善逝世間解無上士調御丈
夫天人師佛世尊世界莊嚴如前無異。佛壽三十五
中劫。佛滅度後正法住世滿七中劫。正法滅已復有
無量無邊諸佛次第出世所有世界壽命正法悉亦
如是。我今皆見如是諸佛始初成道及其滅度是時
世界常住不異無有成敗。大王如是諸佛滅度已後
過一恆河沙等阿僧祇劫入第二恆河沙等阿僧祇

劫。是時世界轉名安樂。汝於是時當得作佛。號無量
壽如來。應供。正遍知。明行足。善逝。世間解。無上士。調
御丈夫。天人師。佛。世尊。是時聖王聞是語已。前白佛
言。世尊。如是等當成佛者。爲在何處。佛告大王。如是
菩薩今在此會。其數無量不可稱計。悉從十方餘佛
世界。而來集此。供養於我。聽受妙法。是諸菩薩已從
過去諸佛受阿耨多羅三藐三菩提記。復從現在十
方諸佛受阿耨多羅三藐三菩提記。是故先成阿耨
多羅三藐三菩提。大王。是諸菩薩已曾供養無量無
邊百千萬億那由他佛。種諸善根。修集智慧。大王。以

是之故。是諸菩薩在於汝前。成阿耨多羅三藐三菩提。時轉輪王復白佛言。世尊。是寶海梵志乃能勸我及諸眷屬。發阿耨多羅三藐三菩提心。是梵志於未來世為經幾時。當成阿耨多羅三藐三菩提。佛告大王。是梵志成就大悲故。於未來世師子吼時。汝自知之。時轉輪王復白佛言。世尊。若我所願成就。如佛所記者。我今頭面禮佛。當令十方如恆河沙等世界六種震動。其中諸佛亦當為我授阿耨多羅三藐三菩提記。善男子。爾時無量淨王作是語已。尋於佛前頭、面著地。爾時十方如恆河沙等諸佛世界六種震動。

是中諸佛即與授記。作如是言。删提嵐界善持劫中。人壽八萬歲。有佛出世號曰寶藏。有轉輪聖王名無量淨。主四天下。三月供養寶藏如來及比丘僧。以是善根故。過一恆河沙等阿僧祇劫已。始入第二恆河沙阿僧祇劫。當得作佛號無量壽。世界名安樂。常身光照縱廣周帀。十方各如恆河沙等諸佛世界。爾時寶藏如來。即為大王說此偈言。

十方世尊　震動大地　及諸山林
如恆沙等　汝今可起　已得授記
為天人尊　勝法調御

善男子。爾時轉輪聖王聞是偈已。心生歡喜。即起合掌。前禮佛足。去佛不遠。復坐聽法。善男子。爾時寶海梵志復白聖王第一太子言。善男子。持此寶物。幷及先所於三月中。供養如來及比丘僧種種珍寶。如是福德。和合集聚。回向阿耨多羅三藐三菩提。復作是言。善男子。以此所施。不應求於忉利天王大梵天王。何以故。今者所有福報之物。皆是無常無決定相。猶如疾風。是故應當以是布施所得果報。令心自在。速成阿耨多羅三藐三菩提。度脫無量無邊衆生。令入涅槃。是時太子聞是語已。答梵志言。我今觀於地獄衆生多諸苦惱。人天之中。或有垢心。以垢心故。數數墮於三惡道中。復作是念。是諸衆生以坐親近惡知識故。退失正法。墮大暗處。盡諸善根。攝取種種諸邪見等。以覆其心。行於邪道。世尊。今我以大音聲告諸衆生。我之所有一切善根。盡回向阿耨多羅三藐三菩提。願我行菩薩道時。若有衆生受諸苦惱恐怖等事。退失正法。墮大暗處。憂愁孤窮。無有救護。無依無舍。若能念我稱我名字。若其為我天耳所聞天眼所見。是衆生等若不得免斯苦惱者。我終不成阿耨多羅三藐三菩提。復白佛言。世尊。我今復當為衆生故發上勝願世尊。我今若能逮得已利者。願令轉輪聖王過第一恆河沙等阿僧祇劫已。始入第二恆河沙等阿僧祇劫。是時世界名曰安樂。大王成佛號無量壽。世界莊嚴。衆生淸淨。作正法王。是佛世尊於無量劫作佛事。已所作已辦。入無餘涅槃。乃至正法住時。我於其中修菩薩道。即於是時能作佛事。是佛正法於初夜滅。即其後夜成阿耨多羅三藐三菩提。復白佛言。唯願世尊爲我授記。今我一心請於十方如恆河沙等現在諸佛。唯願各各爲我授記。善男子。爾時寶藏佛尋爲授記。善男子。汝觀天人及三惡道一切

衆生。生大悲心。欲斷衆生諸苦惱故。欲斷衆生諸煩
惱故。欲令衆生住安樂故。善男子。今當字汝爲觀世
音。善男子。汝行菩薩道時。已有百千無量億那由他
衆生得離苦惱。汝爲菩薩時。已能大作佛事。善男子。
無量壽佛般涅槃已。第二恒河沙等阿僧祇劫後分。
初夜分中正法滅盡。夜後分中。彼土轉名一切珍寶
所成就。世界所有種種莊嚴無量無邊。安樂世界所
不及也。善男子。汝於後夜種種莊嚴。在菩提樹下坐
金剛座。於一念中間成阿耨多羅三藐三菩提。號徧
出一切光明功德山王如來。應供。正徧知。明行足。善

逝世間解。無上士。調御丈夫天人師佛世尊。其佛壽命九十六億那由他百千劫。般涅槃已。正法住世六十三億劫。爾時觀世音前白佛言。若我所願得成就者。我今頭面敬禮佛時。當令十方如恆河沙等諸世界中現在諸佛。亦復各各為我授記。亦令十方如恆河沙等世界大地及諸山河六種震動。出種種音樂。一切眾生心得離欲。善男子。爾時觀世音菩薩尋禮寶藏如來。頭面著地。爾時十方如恆河沙等世界六種震動。一切山林悉出種種無量音樂。眾生聞已。即得離欲。其中諸佛皆與授記。作如是言。散提嵐界善持劫中。人壽八萬歲時。有佛出世號曰寶藏。有轉輪聖王。名無量淨。主四天下。其王太子。名觀世音。三月供養寶藏如來及比丘僧。以是善根故。於第二恆河沙等阿僧祇劫後分之中。當得作佛號徧出一切光明功德山王如來。世界名曰一切珍寶所成就。爾時寶藏如來。為觀世音而說偈曰。

大悲功德　今應還起　地六種動
及諸佛界　十方諸佛　巳授汝記
當成為佛　故應歡喜

善男子。爾時太子觀世音聞是偈巳。心生歡喜。即起合掌前禮佛足。去佛不遠。復坐聽法。善男子。爾時寶海梵志復白第二王子尼摩言。善男子。汝今所作福德清淨之業。為一切衆生得一切智故。應回向阿耨多羅三藐三菩提。善男子。爾時王子在佛前坐。叉手白佛言。世尊。如我先於三月之中。供養如來及比丘僧。幷我所有身口意業清淨之行。如此福德。我今盡以回向阿耨多羅三藐三菩提。不願不淨穢惡世界。令我國土及菩提樹。如觀世音所有世界種種莊嚴寶菩提樹及成阿耨多羅三藐三菩提。復願徧出功德光明佛始初成道。我當先請轉於法輪。隨其說法所經時節。於其中間行菩薩道。是佛涅槃後正法滅已。我於其後次第成於阿耨多羅三藐三菩提。我作佛時。所作佛事。世界所有種種莊嚴般涅槃後正法住世。如是等事悉如彼佛等無有異。爾時佛告第二王子。善男子。汝今所願取大世界。汝於來世當得如是大世界處。如汝所願。善男子。汝於來世當於如是最大世界成阿耨多羅三藐三菩提。號曰善住珍寶山王如來。應供正偏知明行足善逝世間解無上士調御丈夫天人師佛世尊。善男子。由汝願取大世界故。因是字汝爲得大勢。爾時得大勢前白佛言。世尊。

若我所願成就得已利者。我今敬禮於佛。佛當令十方如恆河沙等諸佛世界六種震動。雨須曼那華。其中諸佛各授我記。善男子。爾時得大勢在佛前頭面著地。尋時十方如恆河沙等世界六種震動。天雨須曼那華。其中現在諸佛世尊各與授記。爾時寶藏如來為得大勢而說偈言。

堅力功德　今可還起　大地震動
雨須曼華　十方諸佛　已授汝記
當來得成　人天梵尊

善男子。爾時得大勢聞是偈已。心生歡喜。即起合掌。

前禮佛足去佛不遠復坐聽法善男子爾時寶海梵志復白第三王子王眾言善男子今汝所作福德之聚清淨之業應為一切眾生得一切智故回向阿耨多羅三藐三菩提善男子爾時第三王子在佛前坐叉手白佛言世尊如我先於三月之中供養如來及比丘僧并我所有身口意業清淨之行如是福德今我盡以回向阿耨多羅三藐三菩提我今所願不能於是不淨世界成阿耨多羅三藐三菩提亦復不願速成阿耨多羅三藐三菩提我行菩薩道時願令我所化十方無量無邊諸佛世界所有眾生發阿耨多

羅三藐三菩提心。安止於阿耨多羅三藐三菩提心。
勸化安止於六波羅蜜者。願令先我悉於十方一一
方面如恆河沙佛剎微塵數等諸佛世界。成佛說法。
令我爾時以清淨天眼悉徧見之。願我爲菩薩時。能
作如是無量佛事。我於來世行菩薩道無有齊限。我
所教化諸衆生等。令其心淨猶如梵天。如是衆生生
我界者。爾乃當成阿耨多羅三藐三菩提。以是等清
淨莊嚴佛剎。願令三千大千世界恆河沙等十方佛
土爲一佛剎。周帀世界有大寶牆。七寶塡廁。其牆高
大至無色界。眞紺瑠璃以爲其地。無諸塵土石沙穢

惡荆棘之屬。又無惡觸。亦無女人及其名字。一切衆生皆悉化生。不食摶食。等以法喜三昧爲食。無有聲聞辟支佛乘。純諸菩薩。離於貪欲瞋恚愚癡。修淨梵行。悉滿其國。當其生已。鬚髮自落。服三法衣。卽於生已。便欲得食。尋有寶器在右手中。自然而有上妙百味。具足在鉢。時諸菩薩作是思惟。我等不應噉是摶食。我今當持至於十方供養諸佛及聲聞衆。幷貧窮者。有諸餓鬼受飢渴苦。其身熾然。當至其所而給足之。我等自應修行法喜三昧之食。作是念已。得菩薩三昧。其三昧名不可思議。行得是三昧已。卽得無礙神力到於無量無邊世界現在佛所供養諸佛及比丘僧給施貧窮下至餓鬼作是施已因爲說法尋於食時周旋往反還歸本土衣服珍寶及所須物供養諸佛下至餓鬼亦復如是然後自用願令我世界無有八難不善苦惱亦不受戒毀犯懺悔及其名字願我世界常有無量種種珍寶以爲塡廁珍寶衣樹十方世界所未曾有未曾見聞乃至億歲說其名字猶不能盡願我世界諸菩薩等欲見金色隨意得見欲見銀色亦隨意見當見銀時不失金相當見金時不失銀相玻瓈瑠璃車渠碼碯及赤眞珠種種珍寶隨

意得見。亦復如是。欲見阿竭流香。多伽流香。多摩羅跋。旃檀沈水。及赤旃檀。牛頭旃檀。欲見純旃檀者。隨意得見。欲見沈水者。亦隨意見。當見沈水不失旃檀。當見旃檀不失沈水。餘亦如是。種種所願皆得成就。願我世界無有日月。諸菩薩等有大光明。如本所求自然而出。乃至能照百千萬億那由他世界。以光明故無有晝夜。衆華開敷卽知晝分。衆華合時便知夜分。世界調適無有寒熱及老病死。若有一生菩薩。當於餘方成阿耨多羅三藐三菩提者。卽以此身處於他方兜術天宮。命終作佛。若我成阿耨多羅三藐三菩提已。不於其界取般涅槃。若般涅槃時處在虛空。
諸菩薩等所欲得者。自然而有。其世界邊。周帀常有
百千億那由他自然音樂。此音樂中。不出欲想之聲。
常出六波羅蜜聲。佛聲法聲比丘僧聲菩薩藏聲甚
深義聲。而諸菩薩於諸音聲隨其所解。世尊。我行菩
薩道時。如我所見百千億那由他阿僧祇諸佛世界。
種種莊嚴。種種瓔珞。種種相貌。種種住處。種種所願。
令我世界悉皆成就如是等事所有莊嚴。唯無聲聞
辟支佛等。亦復無有五濁之世三惡道等。須彌諸山。
大小鐵圍。土沙礫石。大海林木。純有寶樹過天所有。

更無餘華。唯有天上曼陀羅華。摩訶曼陀羅華。無諸臭穢。純有妙香徧滿其國。諸菩薩等皆是一生。無有一人生於餘處。唯除他方當成佛者處兜術天命終成阿耨多羅三藐三菩提。世尊。我行菩薩道時無有齊限。要當成是微妙果報清淨佛土。一生菩薩充滿其中。是諸菩薩無有一人非我所教。初發阿耨多羅三藐三菩提心。安止六波羅蜜者。如是菩薩皆是我初教發心。安止六波羅蜜。此散提嵐界若入我界。一切苦惱皆悉休息。世尊。我行菩薩道時要當成就如是等輩希有之事。然後於未來世。乃成阿耨多羅三藐三菩提。願菩提樹名曰選擇見善珍寶。縱廣正等萬四天下。香氣光明徧於一十三千大千世界。菩提樹下以種種珍寶爲金剛座。縱廣正等五四天下。於座名曰善擇寂滅智香等近。高萬四千由旬。我於此座結跏趺坐。於一念中成阿耨多羅三藐三菩提。乃至般涅槃。常於道場菩提樹下坐金剛座。不解不壞。復當化作無量諸佛及菩薩衆。遣在其餘諸佛世界。教化衆生。一一化佛於一食頃。爲諸衆生說微妙法。即於食頃。令無量無邊衆生悉發阿耨多羅三藐三菩提心。尋發心已。即不退轉阿耨多羅三藐三菩提。

如是化佛及菩薩衆。常作如是希有之事。我成阿耨多羅三藐三菩提已。願諸餘世界其中衆生悉見我身。若有衆生眼見我身三十二相八十種好。悉令必定於阿耨多羅三藐三菩提。乃至涅槃不離見佛。願令我界所有衆生。六情完具無所缺少。若諸菩薩欲見我者。隨其所住行來坐臥悉得見之。是諸菩薩尋發心已。即時見我坐於道場菩提樹下。當見我時先來所有於諸法相疑滯之處。我未為說便得除斷。亦得深解法相之義。願我當來壽命無量無能數者。除一切智。菩薩壽命亦復如是。我一念中成阿耨多羅三藐三菩提已即一念中有無量菩薩鬚髮自落服三法衣乃至涅槃於其中間無有一人長其鬚髮著俗衣裳一切皆著沙門之服爾時佛告第三王子善男子善哉善哉汝是純善大丈夫也聰叡善解能作如是甚難大願所作功德甚深甚深難可思議微妙智慧之所爲也汝善男子爲衆生故自發如是尊重之願取妙國土以是故今號汝爲文殊師利於未來世過二恒河沙等無量無邊阿僧祇劫入第三無量無邊阿僧祇劫於此南方有佛世界名曰清淨無垢寶寘此散提嵐界亦入其中彼世界中有種種莊嚴

汝於此中當成阿耨多羅三藐三菩提號普現如來應供正徧知明行足善逝世間解無上士調御丈夫天人師佛世尊諸菩薩衆皆悉清淨汝之所願具足成就如說而得善男子汝行菩薩道時於無量億諸如來所種諸善根是故一切衆生以汝爲藥汝心清淨能破煩惱增諸善根爾時文殊師利前白佛言世尊若我所願成就得已利者唯願十方無量無邊阿僧祇世界六種震動其中諸佛現在說法與我授記亦願一切衆生受歡喜樂譬如菩薩入第二禪自在遊戲天雨曼陀羅華徧滿世界華中當出佛聲法聲

比丘僧聲。六波羅蜜力無所畏如是等聲。願我敬禮
寶藏佛時。卽出如是諸相貌等。作是語已。尋時禮佛
頭面著地。卽於是時。十方無量無邊阿僧祇世界六
種震動。天於空中雨曼陀羅華。一切衆生受於喜樂。
譬如菩薩入第二禪自在遊戲。諸菩薩等是時唯聞
佛聲法聲。比丘僧聲。六波羅蜜十方四無畏如是等
聲。是時他方諸菩薩等見聞是事。怪未曾有。各白其
佛言。何因緣故有是瑞應。諸佛各告諸菩薩言。十方
諸佛。各各廣爲文殊師利授阿耨多羅三藐三菩提
記故。是其瑞應。爾時寶藏如來爲文殊師利而說偈

言。

勝意曠大　今可還起　十方諸佛
已授汝記　當於來世　成尊勝道
世界大地　六種震動　衆生滿足
受於快樂

善男子。爾時文殊師利聞是偈已。心生歡喜。卽起合掌。前禮佛足。去佛不遠。復坐聽法。

悲華經卷第三

音釋

摶 度官切挩聚也　叡 以芮切深明達也　寘 徒年切

悲華經卷第四

北涼天竺三藏法師曇無讖譯

諸菩薩本受記品第四之二

善男子。爾時寶海梵志白第四王子能伽奴言。乃至發願亦復如是。爾時佛告阿伽那言。善哉善哉。善男子。汝行菩薩道時。以金剛慧破無量無邊衆生諸煩惱山。大作佛事。然後乃成阿耨多羅三藐三菩提。善男子。是故號汝爲金剛智慧光明功德。爾時佛告金剛智慧光明功德菩薩。善男子。汝於來世。過一恒河沙等阿僧祇劫。入第二恒河沙等阿僧祇劫。於此東方過十恆河沙等世界中微塵數等世界。有世界名曰不眴。善男子。汝於是中當得作佛。號曰普賢如來。應供。正徧知。明行足。善逝。世間解。無上士。調御丈夫。天人師。佛。世尊。其佛世界所有莊嚴。如汝所願悉皆具足。善男子。寶藏如來授金剛智慧光明功德菩薩摩訶薩阿耨多羅三藐三菩提記。時虛空中有無量無邊百千億那由他天而讚歎言。善哉善哉。雨牛頭旃檀。阿伽流香。多伽流香。多摩羅跋。并及末香而以供養。爾時金剛智慧光明功德菩薩白佛言。世尊。若我所願成就得已利者。我今敬禮諸佛世尊。唯願十方如恆河沙等世界滿中諸天微妙好香。眾生之類或在地獄畜生餓鬼天上人中。若聞是香。所有身心苦惱之疾悉得遠離。如是頭面到地。善男子。爾時金剛智慧光明功德菩薩作是言已。即頭面禮佛。爾時十方如恆河沙等世界周偏悉有微妙之香。眾生聞者皆得遠離身心苦惱。爾時寶藏如來即為金剛智慧光明功德菩薩而說偈言。

金剛慧能破　汝今可還起　十方佛世界
周徧有妙香　與無量眾生　安樂及歡喜
當來得成佛　無上世間解

善男子。爾時金剛智慧光明功德菩薩聞是偈已。其心歡喜。卽起合掌前禮佛足。去佛不遠復坐聽法。善男子。爾時寶海梵志復白第五王子無所畏言。乃至發心亦復如是。爾時王子答梵志言。我今所願不欲於此不淨世界成阿耨多羅三藐三菩提。願成佛時世界之中。無有地獄畜生餓鬼。其地純以紺瑠璃寶。廣說皆如蓮華世界所有莊嚴。爾時無畏王子手持蓮華上寶藏佛。作如是言。世尊。若我所願成就得已利者。以佛神力故。今在佛前願我當得悉見種種莊嚴三昧。復願天雨種種蓮華。大如車輪徧滿十方。如

恆河沙世界微塵數等諸佛國土。亦令我等皆遙見
之。善男子。無畏王子說是言已。以佛力故。尋時即得
悉見種種莊嚴三昧。天雨種種無量蓮華。大如車輪
徧滿十方。如恆河沙等世界微塵等諸佛國土。一切
大衆皆得遙見。見是事已。得歡喜樂。爾時佛告無畏
王子。善男子。乃能作是甚深微妙之大願也。取嚴淨
佛土。復能疾得悉見種種莊嚴三昧。願不虛故。天雨
如是無量蓮華。世尊。若我所願成就得已利者。願此
諸華悉住於空。不復墮落。時寶藏佛告無畏王子言。
善男子。汝今速疾以諸蓮華印於虛空。是故號汝爲

虛空印。爾時佛告虛空印菩薩。善男子。汝於來世。過一恆河沙等阿僧祇劫。入第二恆河沙等阿僧祇劫。於東南方。去此佛土百千萬億恆河沙等世界。彼有世界名曰蓮華。汝於是中當成阿耨多羅三藐三菩提。號蓮華尊如來。應供。正徧知。明行足。善逝。世間解。無上士。調御丈夫。天人師。佛。世尊。所有大衆純諸菩薩摩訶薩等。其數無量不可稱計。其佛壽命無量無邊。所願具足悉皆成就。爾時虛空印菩薩摩訶薩頭面禮於寶藏如來。卽起合掌。去佛不遠復坐聽法。爾時世尊爲虛空印而說偈言。

善男子當知　有人作已利　能斷煩惱結
常令得寂靜　所受持功德　數如恆河沙
世界微塵等　成就而不失　汝於當來世
成就無上道　亦如過去佛　等無有差別

善男子。虛空印菩薩聞是偈已。心生歡喜。善男子。爾時寶海梵志白第六王子虛空言。乃至發心亦復如是。爾時王子菴婆羅白佛言。世尊。我今所願。不欲於此不淨世界。成阿耨多羅三藐三菩提。略說如虛空印所願。世尊。若我所願成就得已利者。願令十方如恆河沙等世界之中。自然而有七寶妙蓋。在上虛空羅列而住。純金爲網。以覆其上。七寶爲鈴。垂以莊嚴。其蓋寶鈴常出佛聲法聲比丘僧聲六波羅蜜及六神通十力無畏如是等聲。世界衆生聞者。尋發阿耨多羅三藐三菩提心。已發心者得不退轉。寶鈴所生佛法僧聲乃至無所畏聲。悉聞十方諸佛世界。時虛空印以佛力故乃得自聞。世尊。若我所願成就得已利者。願我今者得知日三昧。以三昧力故。增益一切諸善根本。得三昧已。唯願諸佛與我授阿耨多羅三藐三菩提記。是時王子說是語已。以佛力故。卽得知日三昧。爾時世尊讚王子言。善哉善哉。善男子。汝所

願者甚深甚深以甚深功德因緣故尋時十方如恆
河沙等世界中自然而有七寶妙蓋於上虛空羅列
而住純金爲網以覆其上七寶爲鈴垂以莊嚴其鈴
常出佛法僧聲乃至無所畏聲爾時有百千億那由
他衆生聞是聲已尋發阿耨多羅三藐三菩提心是
故號汝爲虛空日光明爾時佛告虛空日光明菩薩
摩訶薩汝於來世當成阿耨多羅三藐三菩提過一
恆河沙阿僧祇劫入第二恆河沙等阿僧祇劫東方
去此二恆河沙等佛剎有世界名曰日月汝於是中
當成阿耨多羅三藐三菩提號法自在豐王如來應

供正徧知。明行足。善逝。世間解。無上士。調御丈夫。天人師。佛世尊。爾時虛空日光明菩薩。聞是記已。卽禮佛足。爾時世尊爲虛空日光明而說偈言。

善男子今起　善戒自調御　以淳淑大悲
於一切衆生　度脫令斷苦　畢竟住彼岸
智慧善分別　令到無上道

善男子。爾時虛空日光明菩薩聞是偈已。其心歡喜。卽起合掌前禮佛足。去佛不遠復坐聽法。爾時寶海梵志復白第七王子善臂言。乃至發心亦復如是。爾時王子白佛言。我今所願不欲於此不淨世界成阿

耨多羅三藐三菩提。願我來世所有世界無有地獄
畜生餓鬼女人名字及以胎生。須彌諸山大小鐵圍。
山陵堆阜。石沙穢惡。荊棘惡風。木樹叢林。大海江河。
日月晝夜。暗冥臭處。衆生等類無有便利。涕唾垢汗。
身心不受諸不樂事。碼碯爲地。無諸塵土。純有百千
無量珍寶而莊嚴之。無有諸草。唯有好妙曼陀羅華。
種種寶樹以爲校飾。其寶樹上有妙寶蓋。復有種種
寶衣華鬘。諸寶瓔珞。香華技樂。諸寶器物。諸寶妙華。
以如是等校飾其樹。世界之中無有晝夜。以華開合
而知時節。諸菩薩等。在合華中自然出生。既得生已。

皆得悉見種種莊嚴三昧。以三昧力故。得見十方如微塵等諸世界中現在諸佛。於此三昧一念之頃具足六神通。以天耳故。悉聞十方如微塵等世界現在諸佛說法音聲。以宿命智。知過去世如一佛土微塵等劫宿世之事。以天眼故。悉見十方諸佛世界種種莊嚴。以他心智故。於一念中。得知如一佛世界微塵數等世界衆生心之所念。乃至成阿耨多羅三藐三菩提。終不失是三昧。清旦之時四方有風柔輭清淨。吹微妙香及散諸華。以風力故。諸菩薩等從三昧起。三昧起已卽得如是如意通力。以是力故。於一念頃。

能到十方一一方面如一佛土微塵數等諸佛世界。供養現在諸佛世尊。諮受妙法。即一念中還至本土。無有罣礙。諸菩薩等。在曼陀羅華摩訶曼陀羅華臺之中。結跏趺坐。思惟法門。所謂欲得見我所在方面。隨身所向悉令得見。若於深法有疑滯者。以見我故尋得除滅。若有問義欲聽法者。以見我故即得深解無有狐疑。所有菩薩深解無我及無我所。是故能捨身根命根。一切必定不退於阿耨多羅三藐三菩提。世界無有一切不善之名。亦無無受戒受戒之名。毀戒悔過。一切衆生其身皆有三十二相。得那羅延力。乃至成阿耨多羅三藐三菩提。無有一人六根毀缺不完具者。所有衆生即於生已。鬚髮自落。服三法衣。得善分別三昧。乃至阿耨多羅三藐三菩提。終不中失。諸衆生等悉得和合一切善根。無有一人爲老病所苦。若諸菩薩命終之時。結跏趺坐。入於火定。自燒其身。燒其身已。四方清風來吹其身。舍利散在諸方無佛世界。尋時變作摩尼寶珠。如轉輪聖王所有寶珠。若有衆生見觸之者。悉令不墮三惡道中。乃至涅槃不受諸苦。即得捨身。生於他方現在佛所。諮受妙法。發阿耨多羅三藐三菩提、心便不退轉。所有衆生若命終時。其心在定。無有散亂。不受諸苦愛別離等。命終之後。不墮八難無佛之世。乃至成阿耨多羅三藐三菩提。常得見佛。諮受妙法。供養衆僧。一切衆生離於貪欲瞋恚愚癡恩愛嫉妬無明憍慢。世界無有聲聞緣覺。所有大衆。純諸菩薩摩訶薩等。充滿其國。其心柔輭。無有愛濁。堅固不退於阿耨多羅三藐三菩提。得諸三昧。世界純有清淨光明。十方如微塵等諸佛世界。悉得見聞我之世界。我界所有微妙之香。悉徧十方如微塵等諸佛世界。我界衆生常得快樂。未曾聞有受苦之聲。世尊。我行菩薩道時。不作齊限。我今要當莊嚴如是清淨佛土衆生之類。皆使清淨徧滿其國。然後乃成阿耨多羅三藐三菩提世尊。我成阿耨多羅三藐三菩提。當出無量無邊光明。照於十方如千佛刹微塵數等諸佛世界。令彼衆生悉遙見我三十二相。卽時得斷貪欲瞋恚愚癡嫉妬無明憍慢一切煩惱。發阿耨多羅三藐三菩提心。如其所求。得陀羅尼三昧忍辱。以見我故。寒冰地獄所有衆生悉得溫樂。譬如菩薩入第二禪。以見我故。身心受於第一妙樂。發阿耨多羅三藐三菩提心。若其命終。要當生我佛之世界。生已卽得不退轉於阿耨多羅三藐三菩提。熱地獄等畜生餓鬼亦復如是。諸天所見光明一倍。令我壽命無量無邊。無能數者。除一切智。世尊。我成阿耨多羅三藐三菩提已。令十方無量無邊阿僧祇世界現在諸佛。稱讚於我。其餘衆生若得聞是稱讚我聲。願作善根速生我國。命終之後。必生我國。唯除五逆毀壞正法誹謗聖人。世尊。我成阿耨多羅三藐三菩提已。十方無量無邊阿僧祇世界中所有衆生。若聞我聲。發願欲生我世界者。是諸衆生臨命終時。悉令見我與諸大衆前後圍繞。我於爾時入無翳三昧。以三昧力故。在於其前而爲說法。以聞法故。尋得斷除一切苦惱。心大歡喜。其心喜故。得寶寘三昧。以三昧力故。令心得念及無生忍。命終之後必生我界。若餘世界諸衆生等。無有七財。不欲修習行於三乘。不欲生於人天中者。亦不修行一切善根。及三福處。非法行汙。愛著惡欲。專行邪見。如是衆生。願我入於無煩惱三昧。以三昧力故。彼諸衆生若命終時。我與大衆而住其前。爲說妙法。復爲示現佛土所有。又勸令發阿耨多羅三藐三菩提心。衆生聞已。即於我所心生深信。歡喜安樂。尋發阿耨多羅三藐三菩提心。令彼衆生得斷苦惱。斷苦惱已。便得日燈光明三昧。斷於癡暗。命終之後。尋生我界。爾時寶藏如來讚言。善哉善哉。汝今乃能作微妙之大願也。世尊。若我所願成就得已利者。願令十方如微塵等諸佛世界。悉雨優陀羅婆羅香。并旃檀香牛頭旃檀香種種末香。若有眾生在在處處聞是香者。悉發阿耨多羅三藐三菩提心。令我今者得金剛願三昧。以三昧力故。悉得遙見諸世界中所雨諸香。善男子。爾時王子說是言已。尋得三昧。自見十方如微塵數等諸佛世界。所有諸香。優陀羅婆羅香旃檀之香牛頭旃檀種種末香。及見一一方面。有不可計諸眾生等。恭敬叉手。發阿耨多羅三藐三菩提心。寶藏如來告王子言。善男子。汝之所願已得成就。天雨種種諸微妙香。已有不可計衆生恭敬叉手。發阿耨多羅三藐三菩提心。是故號汝爲師子香。汝於來世。過一恆河沙等阿僧祇劫。入第二恆河沙等阿僧祇劫。上方去此四十二恆河沙世界微塵數等諸佛世界。有世界名青香光明無垢。汝於彼土當得成阿耨多羅三藐三菩提。號光明無垢堅香豐王如來。應供。正徧知。明行足。善逝。世間解。無上士。調御丈夫。天人師。佛。世尊。善男子。爾時師子香菩薩禮寶藏如來頭面著地。爾時如來爲師子香菩薩而說偈言。

天人師起　受諸供養　度脫生死
令離苦惱　斷有結縛　及諸煩惱
來世當作　天人之尊

善男子。爾時師子香菩薩聞是偈已。心大歡喜。卽起合掌。去佛不遠復坐聽法。善男子。爾時寶海梵志復白第八王子泯圖言。乃至發心亦復如是。爾時王子前白佛言。世尊。我今所願要當於是不淨世界修菩薩道。復當修治莊嚴十千不淨世界。令其嚴淨。如青香光明無垢世界。亦當教化無量菩薩令心清淨。無有垢穢。皆趣大乘。悉使充滿我之世界。然後我當成阿耨多羅三藐三菩提。世尊。願我修行菩薩道時。要當勝於餘諸菩薩。世尊。我已於七歲之中。端坐思惟諸佛菩薩清淨功德及種種莊嚴佛土功德。是時卽得悉見種種莊嚴三昧等萬一千菩薩三昧。增進修行。世尊。若未來世諸菩薩等行菩薩道時。亦願悉得如是三昧。世尊。願我得出離三世勝幢三昧。以三昧力故。悉見十方無量無邊諸佛世界在在處處現在諸佛。出離三世。爲諸衆生說於正法。世尊。願我得不退三昧。以三昧力故。於一念中。悉見如微塵等諸佛

菩薩及諸聲聞恭敬圍繞。願我於此一一佛所得無
依止三昧。以三昧力故作變化身。一時徧至如一佛
世界微塵數等諸如來所。供養禮拜。願我一一身以
種種無上珍寶華香塗香末香妙勝技樂種種莊嚴
供養一一諸佛世尊。願我一一身於一一佛所。如大
海水滴等劫行菩薩道。願我得一切身變化三昧。以
三昧力故於一念中在一一佛前。知如一佛土微塵
數等諸佛世界。世尊。願我得功德力三昧。以三昧力
故於一一佛前徧到如一佛土微塵數等諸佛世尊
所。以微妙讚歎讚歎諸佛世尊。願我得不眴三昧。以

三昧力故於一念中悉見諸佛徧滿十方無量無邊世界之中。世尊。願我得無諍三昧。以三昧力故於一念中。悉見過去未來現在諸佛所有淨妙世界。世尊。願我得首楞嚴三昧。以三昧力故。化作地獄之身。入地獄中。與地獄衆生說微妙法。勸令發阿耨多羅三藐三菩提心。彼諸衆生聞是法已。尋發無上菩提之心。卽便命終生於人中。隨所生處常得值佛。隨所值佛而得聽法。聽受法已卽得住於不退轉地。乾闥婆阿脩羅迦樓羅緊那羅摩睺羅伽人非人等。天龍鬼神夜叉羅刹毗舍遮富單那伽吒富單那屠殺魁膾。

商賈婬女畜生餓鬼。如是等衆。亦復如是。皆令發阿耨多羅三藐三菩提心。有諸衆生隨所生處得諸色像我分之身。如業所作隨受苦樂。及諸工巧。願我變化作如是身。隨其所作而教化之。世尊若有衆生各各異音。願我隨其種種音聲而爲說法。各令歡喜。因其歡喜。勸發安止。令其不退於阿耨多羅三藐三菩提。世尊。我要當教十千佛土所有衆生令心淸淨。無有行業煩惱諸毒。乃至不令一人屬於四魔。何況多也。若我莊嚴十千佛土如是淸淨。如光明無垢尊香王佛。青香光明無垢世界。所有種種微妙莊嚴。然後我身及諸眷屬乃當如彼師子香菩薩之所願也。世尊。若我所願成就得已利者。當令十千諸佛世界所有衆生。斷諸苦惱。得柔軟心。得調伏心。各各自於四天下界。見佛世尊現在說法。一切衆生自然而得種種珍寶。華香末香及以塗香。種種衣服種種幢旛。各各以用供養於佛。供養佛已。悉發無上菩提之心。世尊。願我今者以悉得見種種莊嚴三昧力故。皆得遙見如是諸事。作是語已。尋如所願悉得見之。爾時世尊讚阿彌具言。善哉善哉善男子。汝今世界周市四面一萬佛土清淨莊嚴。於未來世。復當教化無量衆生令心清淨。復當供養無量無邊諸佛世尊。善男子。以是因緣故。今改汝字號爲普賢。於未來世過一恆河沙等阿僧祇劫。入第二恆河沙等阿僧祇劫末後分中。於北方界去此世界過六十恆河沙等佛土有世界名知水善淨功德。汝當於中成阿耨多羅三藐三菩提。號智剛吼自在相王如來應供正徧知明行足善逝世間解無上士調御丈夫天人師佛世尊。善男子。爾時普賢菩薩摩訶薩頭面著地禮寶藏佛。爾時如來即爲普賢菩薩而說偈言。

汝起善導師　已得如所願　善能調衆生

皆令得一心　度於煩惱河　及脫諸惡法
來世作燈明　諸天世人師

善男子。爾時會中有十千人。心生懈怠。異口同音作如是言。世尊。我等來世。即於如是嚴淨佛土。成阿耨多羅三藐三菩提。所謂普賢菩薩所修清淨諸世界也。世尊。我等要當具足修六波羅蜜。以具足波羅蜜故。各各於諸佛土成阿耨多羅三藐三菩提。善男子。爾時寶藏如來。即便爲是十千人等。授阿耨多羅三藐三菩提記。善男子。普賢菩薩成阿耨多羅三藐三菩提時。汝等當於普賢菩薩所修清淨萬佛土中。一時成阿耨多羅三藐三菩提。有一千佛同號智幟尊音王如來。應供。正徧知。明行足。善逝。世間解。無上士。調御丈夫。天人師。佛。世尊。復有千佛同號增相尊音王。復有千佛同號善無垢尊音王。復有千佛同號離怖畏尊音王。復有千佛同號善無垢光尊音王。復有五百佛同號日音王。復有五百佛同號日藏尊王。復有五佛同號樂音尊王。復有二佛同號日光明。復有四佛同號龍自在。復有八佛同號離恐怖稱王光明。復有十佛同號離音光明。復有八佛同號音聲稱。復有十一佛同號顯露法音。復有九佛同號功德法稱王。復有二十佛同號不可思議王。復有四十佛同號寶幢光明尊王。復有一佛號覺知尊想王。復有七佛同號不可思議意。復有三佛同號智藏。復有十五佛同號智山幢。復有五十佛同號智海王。復有三十佛同號大力尊音王。復有二佛同號山功德劫。復有八十佛同號清淨智勤。復有九十佛同號尊相種王。復有百佛同號善智無垢雷音尊王。復有八十佛同號勝尊大海功德智山力王。復有四十佛同號無上菩提尊王。復有二佛同號知覺山華王。復有二佛同號功德山知覺。復有三佛同號金剛師子。復有二佛同

號持戒光明。復有二佛同號示現增益。復有一佛號
無量光明。復有三佛同號師子遊戲。復有二佛同號
無盡智山。復有二佛同號寶光明。復有二佛同號無
垢智慧。復有九佛同號智慧光明。復有二佛同號師
子稱。復有二佛同號功德徧王。復有二佛同號雨法
華。復有一佛號造光明。復有一佛號增益山王。復有
一佛號出法無垢王。復有一佛號香尊王。復有一佛
號無垢目。復有一佛號大寶藏。復有一佛號力無障
礙王。復有一佛號自知功德力。復有一佛號衣服知
足。復有一佛號德自在。復有一佛號無障礙利益。復

有一佛號智慧藏。復有一佛號大山王。復有一佛號日力藏。復有一佛號求功德。復有一佛號華幢枝。復有一佛號衆光明。復有一佛號無礙功德王。復有一佛號金剛上。復有一佛號曰法相。復有一佛號尊音王。復有一佛號堅持金剛。復有一佛號珍寶自在王。復有一佛號堅自然幢。復有一佛號山劫。復有一佛號雨娛樂。復有一佛號增益善法。復有一佛號娑羅王。復有二佛同號功德徧滿大海功德王。復有一佛號智慧和合。復有一佛號智熾。復有一佛號華衆。復有一佛號世間尊。復有一佛號優曇鉢華幢。復有一

佛號法幢自在王。復有一佛號旃檀王。復有一佛號
善住。復有一佛號精進力。復有一佛號幢等光明。復
有一佛號曰智步。復有一佛號曰海幢。復有一佛號
滅法稱。復有一佛號壞魔王。復有一佛號衆光明。復
有一佛號出智光明。復有一佛號曰慧燈。復有一佛
號安隱王。復有一佛號曰智音。復有一佛號幢攝取。
復有一佛號天金剛。復有一佛號種種莊嚴王。復有
一佛號無勝智。復有一佛號善住意。復有一佛號月
王。復有一佛號無勝步自在王。復有一佛號娑鄰陀
王。復有八十佛同號師子步王。復有五十佛同號那

羅延無勝藏復有七十佛同號聚集珍寶功德復有三十佛同號光明藏復有二十佛同號分別星宿稱王復有二佛同號功德力娑羅王復有九十佛同號微妙音復有一佛號曰梵增復有一佛號提頭賴吒王復有千佛同號蓮華香擇稱尊王復有六十佛同號光明熾燈王復有三十佛同號蓮華香力增復有二佛同號無量功德大海智增復有一佛號閻浮陰復有一百三佛同號功德山幢復有一佛號師子相復有一百一佛同號龍雷尊華光明王復有一佛號善趣種無我甘露功德劫王復有千佛同號離法智

龍王解脫覺世界海眼山王。皆有十號如來應供正徧知明行足善逝世間解無上士調御丈夫天人師佛世尊。如是等佛同共一日一時各各於諸世界成阿耨多羅三藐三菩提。壽命各十中劫。卿等涅槃亦同一日。般涅槃已所有正法七日即滅。善男子。爾時十千人向寶藏佛頭面作禮。爾時世尊為十千人而說偈言。

龍王汝起　堅固自在　無上善願
清淨和合　卿等用意　疾如猛風
精勤修學　六波羅蜜　來世必成

天人之尊

善男子。爾時十千人聞說是偈已。心生歡喜。卽起合掌前禮佛足。去佛不遠復坐聽法。善男子。爾時寶海梵志復白第九王子蜜蘇言。乃至發心亦復如是。爾時王子前白佛言。世尊。我行菩薩道時。願十方如恆河沙等世界所有現在諸佛爲我作證。令於佛前發阿耨多羅三藐三菩提心。世尊。願我行菩薩道時。乃至成佛。於其中間不生悔心。乃至成佛常作一心無有退轉。如說而行。如行而說。乃至無有一人來惱我心。更不求於聲聞緣覺。不起婬欲惡相之心。其心不與睡眠憍慢疑悔等共。亦復不生貪婬殺盜妄語兩舌惡口綺語貪恚邪見嫉妬慢法欺誑之心。我修菩薩道乃至成阿耨多羅三藐三菩提。中間不生如是等法。乃至成阿耨多羅三藐三菩提。行時步步心心數法。常念諸佛。得見諸佛諮受妙法。供養衆僧。於諸生處常願出家。當出家時即得成就糞埽三衣。常在樹下獨坐思惟。作阿蘭若。常行乞食。不求利養。行於知足。常講說法。成就無量無障礙辯。不犯大罪。不以我相爲女人說法。若說法時。恆以空相。其心常念空無之法。拱手端坐。亦不露齒。若有學習大乘之人。而於其所起世尊想。恭敬供養。所聞法處亦起佛想。於諸沙門婆羅門中。故生恭敬供養尊重。除佛世尊。於諸衆中不生分別此是福田。此非福田。而行布施。願我不於法施人所生嫉妬心。若有衆生應被刑戮。願我捨命以救護之。若有衆生犯於諸罪。願我以力言說錢財而拔濟之。令得解脫。若有在家出家之人有諸罪過。願不發露顯現於人。於諸利養名譽等中而常遠離。如避火坑刀劒毒樹。世尊。若我此願乃至成阿耨多羅三藐三菩提已悉得成就。如今佛前之所願者。令我兩手自然而有千輻天輪。所得光明如火

猛炎善男子是時王子說是語已其兩手中即尋各
有一千輻輪如說而得世尊若我所願成就逮得已
利成阿耨多羅三藐三菩提者我今遣此千輻天輪
至於無佛五濁世界是輪當作如是大聲徧滿佛土
如難陀龍王優波難陀龍王作大音聲徧滿世界其
輪音聲亦復如是所謂菩薩受記音聲不失專念智
慧之聲修學空法諸佛所有法藏之聲若有眾生在
在處處聞是法聲即時得斷貪欲瞋恚愚癡憍慢慳
吝嫉妬而得寂靜思惟諸佛甚深智慧發阿耨多羅
三藐三菩提心善男子爾時王子即遣二輪譬如諸

佛神足捷疾其輪去疾亦復如是徧至十方無佛惡世爲諸衆生出諸菩薩受記音聲不失專念智慧之聲修學空法諸佛所有法藏之聲在在處處諸衆生等聞是法音卽便得斷貪欲瞋恚愚癡憍慢慳吝嫉妬而得寂靜思惟諸佛甚深智慧發阿耨多羅三藐三菩提心其輪須臾還來在此王子前住善男子爾時寶藏如來讚王子言善哉善哉善男子汝行菩薩道所發善願無上最妙遣此天輪至於無佛五濁之世令無量無邊阿僧祇億百千衆生安止住於無穢濁心心無惱害勸化發阿耨多羅三藐三菩提心以

是故今改汝名為阿閦於未來世當為世尊汝今當於佛前如心所喜願取種種莊嚴佛土爾時阿閦白佛言世尊我今所願如是種種莊嚴佛土令我世界純金為地地平如掌多有種種諸天妙寶徧滿其國無有山陵堆阜土沙礫石荊棘之屬其地柔輭譬如天衣行時足下陷入四寸舉足還復無有地獄畜生餓鬼不淨臭穢純有諸天微妙上香及曼陀羅摩訶曼陀羅華徧滿其國所有眾生無有老病各各自在不相畏怖常不惱他命不中夭臨捨命時心不悔恨其心決定無有錯亂繫念思惟諸佛如來若命終已

不墮惡道。不生無佛五濁惡世。乃至成阿耨多羅三
藐三菩提。常得見佛。諮受妙法供養衆僧。所有衆生
薄婬怒癡。皆行十善。世界無有種種工巧。無有犯罪
及犯罪名。亦無天魔諸留難事。衆生受形無有惡色。
亦不分別尊卑高下。一切衆生深解無我及無我所。
聲聞菩薩乃至夢中不失不淨。衆生常樂求法聽法。
無有一人生於倒見。亦無外道。衆生無有身心疲極。
皆得五通。無有飢渴諸苦惱事。隨所喜樂種種飲食。
卽有寶器自然在手。有種種食。猶如欲界所有諸天。
無有洟唾便利之患。痰癊汗淚。亦無寒熱。常有柔輭

香風觸身。此風香氣微妙具足。熏諸天人。不須餘香。
如是香風。隨諸天人所求冷暖。皆使滿足。又復有求
優鉢羅華香風。又復有求優陀娑羅香風。有求沈水
香風。有求多伽羅香風。有求阿伽羅香風。有求種種
香風。如所希望。於發心時皆得成就。除五濁世。願我
國土有七寶樓。其寶樓中敷七寶牀。茵褥丹枕。細滑
柔輭。猶如天衣。衆生處此寶樓牀榻。皆悉歡樂。其樓
四邊有好池水。其水具足有八功德。衆生隨意而取
用之。其國多有金多羅樹。種種華果妙香具足。上妙
寶衣種種寶蓋眞珠瓔珞而以莊嚴。諸衆生等隨意

所喜妙寶衣服。即於樹上自恣取著。華果香等亦復如是。世尊。願我菩提之樹。純是七寶。高千由旬。樹莖周帀滿一由旬。枝葉縱廣滿千由旬。常有微風吹菩提樹。其樹則出六波羅蜜根力覺道微妙之聲。若有衆生聞此妙聲。一切皆得離於欲心。所有女人成就一切諸妙功德。猶如兜率天上天女。無有婦人諸不淨事。兩舌慳吝嫉妬覆心。不與男子漏心交通。若諸男子發婬欲心。至女人所。以愛心視。須臾之間便得離欲。心自厭離。即便還去。尋得清淨無垢三昧。以三昧力故。於諸魔縛而得解脫。更不復生惡欲之心。如是女人若見男子。有愛欲心便得妊身。亦得離於婬欲之想。當妊身時若懷男女。身心無有諸苦惱事。常受快樂。如忉利天人身心所受上妙快樂。女人懷妊七日七夜所受快樂亦復如是。亦如比丘入第二禪。處胎男女。不爲一切不淨所汙。滿足七日即便出生。當其生時受諸快樂。有微妙香。女人產時亦無諸苦。如是母子。俱共入水洗浴其身。是時女人得如是念。以念力故。尋得離欲清淨三昧。以三昧力故其心常定。於諸魔縛而得解脫。若有衆生宿業成就。應無量億世作女人身。以定力故得離女身。乃至涅槃。一切女業永滅無餘。更不復受。或有衆生宿業成就。於無量億劫應處胞胎受苦惱者。願我成阿耨多羅三藐三菩提已。聞我名字。卽生歡喜。生歡喜已。尋便命終。處胎卽生我之世界。尋於生已所受胎分永盡無餘。乃至成阿耨多羅三藐三菩提更不受胎。或有衆生多善根者。尋便得來至我世界蓮華中生。或有衆生少善根者。要當處胎。或受女人而生我界。然後乃得永盡胎分。所有衆生一向純受微妙快樂。微風吹此金多羅樹出微妙聲。所謂苦空無我無常等聲。聞是聲者皆得光明三昧。以三昧力故得諸空定甚深三昧。世界無有婬欲想聲。世尊。我坐菩提樹下。於一念中。成阿耨多羅三藐三菩提已。願我世界無有日月光明。晝夜差別。除華開合。我成阿耨多羅三藐三菩提已。當以光明偏照三千大千世界。以光明力故。令諸衆生悉得天眼。以天眼故。得見十方無量無邊諸佛世界。在在處處諸佛世尊現在說法。世尊。我成阿耨多羅三藐三菩提已。說於正法。令此音聲偏滿三千大千世界。衆生聞者得念佛三昧。衆生或有行住回轉。隨所方面常得見我。若於諸法有疑滯處。以見我故。卽得斷疑。世尊。我成阿耨多羅三藐三菩提已。

十方無量無邊阿僧祇諸佛世界。在在處處所有衆生。若學聲聞。若學緣覺。若學大乘。聞我名者。命終要來生我世界。學聲聞人聞我法者。得八解脫阿羅漢果。學大乘人聞我法者。得深法忍陀羅尼門。及諸三昧。不退轉於阿耨多羅三藐三菩提。得無量聲聞以爲眷屬。其數無邊無能數者。唯除諸佛。世尊。我得阿耨多羅三藐三菩提。隨所至方舉下足處。即有千葉金蓮華生。其華微妙。有大光明。我當遣至無佛之處稱讚我名。若有衆生於此華中得聞稱讚我名字者。尋生歡喜。種諸善根。欲生我國。願命終時悉皆來生。

我諸大衆出家之人。遠離諂曲嫉妬姦欺沙門之垢。尊重於法。於諸所須名稱利養。心不貴重。常樂苦空無常無我。常勤精進。尊法依僧。若諸菩薩得不退者。皆悉令得龍雨三昧。以三昧力故。爲衆生說般若波羅蜜。令離生死。乃至成佛。於其中間所可說法不忘不失。世尊。我成佛已。壽命住世十千大劫。般涅槃後正法住世滿一千劫。爾時如來讚阿閦言。善哉善哉。善男子。汝今已取淸淨世界。汝於來世。過一恆河沙等阿僧祇劫。入第二恆河沙等阿僧祇劫。東方去此千佛世界。彼有世界名曰妙樂。所有莊嚴如汝所願

皆悉具足。汝於是中當成阿耨多羅三藐三菩提。猶
號阿閦如來應供正偏知明行足善逝世間解無上
士調御丈夫天人師佛世尊。爾時阿閦菩薩白佛言。
世尊。若我所願成就得已利者。一切世間陰界諸入
所攝衆生。皆得慈心無怨賊想及諸穢濁。身心快樂。
猶如十住諸菩薩等。處蓮華上結跏趺坐。三昧正受。
以三昧力令心無垢。是諸衆生身心快樂亦復如是。
我今頭面敬禮於佛。唯願此地有金色光。善男子。爾
時阿閦菩薩尋以頭面敬禮佛足。是時一切無量衆
生身心即得受大快樂。其地亦有金色光明。爾時寶

藏如來爲阿閦菩薩而說偈言。

尊意且起　汝今已令　一切衆生
心無忿怒　復於衆生　生大悲心
兩手各得　天千輻輪　淨意當來
爲天人尊

善男子。爾時阿閦菩薩聞是偈已。心大歡喜。即起合掌。前禮佛足。去佛不遠。復坐聽法。

悲華經卷第四

音釋

輻九六切車輻也　捷疾葉切　閦樞玉切

悲華經卷第五

北涼天竺三藏法師曇無讖譯

諸菩薩本受記品第四之三

佛告寂意菩薩。善男子。爾時寶海梵志復白第十王
子濡心言。乃至發心亦復如是。王子所願。皆如阿閦
菩薩所願。白佛言。世尊。若我所願成就得已利者。令
一切衆生悉得思惟諸佛境界。手中自然生栴檀香
優陀娑羅香。以此諸香供養諸佛。爾時寶藏如來讚
王子言。善哉善哉。善男子。汝所願者。甚奇甚特。汝願
衆生手中自然有栴檀香優陀娑羅香。悉得思惟諸

佛境界。繫念清淨。以是故今改汝字號爲香手。佛告香手。善男子。未來之世過一恒河沙等阿僧祇劫。入第二恒河沙等阿僧祇劫。後分之中。阿閦如來般涅槃後。正法滅盡。過七日已。汝於是時當成阿耨多羅三藐三菩提。其佛世界故名妙樂。佛號金華如來。應供正遍知明行足。善逝世間解。無上士調御丈夫天人師佛世尊。爾時香手菩薩復作是言。世尊。若我所願成就得已利者。今我禮佛。此閻浮園周帀當雨諸瞻蔔華。善男子。爾時香手菩薩於寶藏佛前頭面著地。是時閻浮園中如其所言周帀徧雨諸瞻蔔華。爾時寶藏如來為香手菩薩而說偈言。

尊妙功德　善趣汝起　如心所願
雨瞻蔔華　度脫無量　一切衆生
示諸善道　令至無畏

善男子。爾時香手菩薩聞是偈已。心大歡喜。即起合掌。前禮佛足。去佛不遠。復坐聽法。善男子。爾時寶海梵志復白第十一王子瞢伽奴言。乃至發心亦復如是。王子所願。亦如香手菩薩所願。爾時師子王子以珍寶幢供養寶藏如來。時佛即讚師子王子言。善哉善哉。善男子。汝今以此寶幢供養。是故號汝名為寶相。佛告寶相。未來之世過一恆河沙等阿僧祇劫。入第二恆河沙等阿僧祇劫後分之中。妙樂世界金華如來般涅槃後。正法滅已。過三中劫。妙樂世界轉名月勝。汝於是中當成阿耨多羅三藐三菩提。號龍自在尊音王如來。應供。正偏知。明行足。善逝。世間解。無上士。調御丈夫。天人師。佛。世尊。彼佛世界所有莊嚴。如妙樂世界等無差別。爾時寶相菩薩前白佛言。世尊。若我所願成就得已利者。我今頭面禮於佛足。令一切衆生得如是念。猶如菩薩住無諂三昧。一切衆生得大利益。生於大悲發菩提心。善男子。爾時寶相菩薩。在寶藏佛前頭面著地。一切衆生悉得如是無諂三昧。得大利益。生於大悲發菩提心。爾時寶藏如來。爲寶相菩薩而說偈言。

善意勤起　已於我前　爲諸衆生
善作大誓　能大利益　無量衆生
令心無垢　是故來世　得成爲佛
天人之尊

善男子。爾時寶相菩薩聞是偈已。心大歡喜。卽起合掌前禮佛足。去佛不遠。復坐聽法。爾時摩闍婆王子等五百王子。作如是願。願得如是種種莊嚴功德佛土皆如虛空印菩薩摩訶薩所修淨土。爾時寶藏如來皆爲一一授阿耨多羅三藐三菩提記。同共一時各於餘國成無上道。如虛空印菩薩摩訶薩。復次四百王子作是誓願。願取莊嚴淨妙佛土。皆如金剛智慧光明菩薩摩訶薩。爾時寶藏如來。亦爲一一授阿耨多羅三藐三菩提記。同共一時。各於異國成無上道。如金剛智慧光明菩薩摩訶薩。復次八十九王子又作是言。願取如是莊嚴佛土。如普賢菩薩摩訶薩所修佛土等無差別。爾時八萬四千小王。各各別異作殊勝願。人人自取種種莊嚴上妙佛土。爾時寶藏如來各各與授阿耨多羅三藐三菩提記。當來之世。
各在餘國。同共一時成無上道。爾時九十二億衆生。
亦各發願。取種種莊嚴勝妙佛土。時寶藏如來一切
皆與授阿耨多羅三藐三菩提記。汝等來世於餘國
土。同共一時成無上道。善男子。爾時寶海梵志有八
十子。卽是寶藏如來之兄弟也。其最長子名海地尊。
善男子。爾時寶海梵志告其長子言。汝今可取妙清
淨莊嚴佛土。其子荅言。唯願尊者先師子吼。其父告
言。我之所願當最後說。其子復言。我今所願當取清
淨不清淨耶。父復荅言。若有菩薩成就大悲。爾乃取

於不淨世界。何以故。欲善調伏衆生垢故。如是之事。
汝自知之。善男子。爾時海地尊至寶藏如來所。在於
佛前白佛言。世尊。我願阿耨多羅三藐三菩提。若人
有壽八萬歲時。如今佛世爾乃成阿耨多羅三藐三
菩提。我今又願令我國土所有衆生。薄婬恚癡。厭離
身心。怖畏生死。見其過患。來至我所。出家學道。我於
爾時爲諸衆生說三乘法。世尊。若我所願成就得已
利者。唯願世尊授我阿耨多羅三藐三菩提記。爾時
寶藏如來告海地尊言。善男子。未來之世。過一恆河
沙等阿僧祇劫。入第二恆河沙等阿僧祇劫。是時有

劫名曰徧敷優鉢羅華。此佛世界當名願愛。是時人民壽八萬歲汝於是中成阿耨多羅三藐三菩提。號曰寶山如來。應供。正徧知。明行足。善逝。世間解。無上士。調御丈夫。天人師。佛。世尊。爾時海地尊復作是言。世尊。若我所願成就得已利者。此閻浮園周帀當雨赤色眞珠。一切樹木自然皆出微妙技樂。善男子。時海地尊在寶藏佛前頭面作禮。當爾之時。其園周帀雨赤眞珠。一切樹木皆出種種微妙技樂。爾時寶藏如來卽爲摩納而說偈言。

大力汝起　無量智藏　慈悲衆生

作大利益　所願清淨　今得成就
當爲衆生　作天人師

善男子。爾時海地尊聞是偈已。心大歡喜。卽起合掌前禮佛足。去佛不遠。復坐聽法。梵志第二子名曰三婆婆。白佛言。世尊。我今所願。如海地尊之所願也。爾時寶藏如來便告三婆婆言。未來之世。優鉢羅華劫中。願愛世界。人壽轉多八十億歲。汝當於中得成阿耨多羅三藐三菩提。號曰日華如來。應供正徧知明行足。善逝世間解。無上士調御丈夫。天人師。佛世尊。第三子所得世界亦復如是。人壽二千歲時。成阿耨多羅三藐三菩提號火香王如來乃至天人師佛世尊第四成佛號須曼那第五成佛號持戒王第六成佛號善持目第七成佛號梵增益第八成佛號閻浮影第九成佛號富樓那第十成佛號曰勝妙十一成佛號曰寶山十二成佛號曰海藏十三成佛號那羅延十四成佛號曰尸棄十五成佛號南無尼十六成佛號曰覺尊十七成佛號憍陳如十八成佛號師子力十九成佛號曰智幢二十成佛號佛音聲二十一成佛號尊勝佛二十二成佛號離世尊佛二十三佛號利益佛二十四號智光明佛二十五號師子尊佛

二十六號寂靜智佛。二十七號難陀佛。二十八號尼拘羅王佛。二十九號金色目佛。三十號得自在佛。三十一號日樂佛。三十二號寶勝佛。三十三號善目佛。三十四號梵善樂佛。三十五號梵仙佛。三十六號梵音佛。三十七號法月佛。三十八號示現義佛。三十九號稱樂佛。四十號稱增益佛。四十一號端嚴佛。四十二號善香佛。四十三號眼勝佛。四十四號善觀佛。四十五號攝取義佛。四十六號善意願佛。四十七號勝慧佛。四十八號金幢佛。四十九號善目佛。五十號天泓佛。五十一號淨飯佛。五十二號善見佛。五十三號毗瑠璃幢佛。五十四號毗樓博叉佛。五十五號梵音佛。五十六號功德成就佛。五十七號有功德淨佛。五十八號寶光明佛。五十九號摩尼珠佛。六十號釋迦文手佛。六十一號音尊王佛。六十二號智和合佛。六十三號勝尊佛。六十四號成華佛。六十五號善華佛。六十六號無怒佛。六十七號日藏佛。六十八號尊樂佛。六十九號日明佛。七十號龍得佛。七十一號金剛光明佛。七十二號稱王佛。七十三號虎光明佛。七十四號相光明佛。七十五號刪尼輸佛。七十六號智成就佛。七十七號香王佛。七十八號娑羅王那羅延藏佛。七十九號火藏佛。善男子。爾時梵志其最小子名離怖惱。在佛前住。白佛言。世尊。是七十九人。佛今已爲現前授記。於徧敷優鉢羅華劫。願愛世界。人壽轉多時。成阿耨多羅三藐三菩提。世尊。我今佛前發阿耨多羅三藐三菩提心。優鉢羅劫後分之中。成阿耨多羅三藐三菩提時。如七十九佛所得壽命。願我壽命亦復如是。如七十九佛所度衆生。我所度衆生亦復如是。如七十九佛三乘說法。我亦如是說三乘法。如七十九佛聲聞弟子衆數多少。我之所得衆數多少亦復如是。是七十九佛於優鉢羅劫。所可教化無

量衆生使受人身未得度者。我於來劫。成阿耨多羅
三藐三菩提已。悉當教化令住三乘。世尊。若我所願
成就得已利者。唯願世尊授我阿耨多羅三藐三菩
提記。善男子。爾時寶藏佛卽讚離怖惱言。善哉善哉。
善男子。汝今乃爲無量衆生生大悲心。善男子。未來
之世。過一恆河沙等阿僧祇劫。入第二恆河沙等阿
僧祇劫。是中有劫名優鉢羅華。後分之中。汝當成阿
耨多羅三藐三菩提。號無垢燈山王如來應供正徧
知。明行足善逝世間解無上士調御丈夫。天人師佛
世尊。七十九佛所得壽命都合半劫。汝之壽命亦得

半劫。如前所願悉得成就。爾時離怖惱菩薩復作是言。世尊。若我所願成就得已利者。我今頭面敬禮於佛。令此世界周帀徧雨優鉢羅華微妙之香。若有衆生聞此香者。身諸四大清淨無穢。調適和順。一切病苦悉得除愈。善男子。爾時離怖惱菩薩說是言已。尋以頭面敬禮佛足。爾時此佛世界。尋時徧雨優鉢羅華微妙之香。衆生聞者。身諸四大清淨無穢。調適和順。一切病苦悉得除愈。寶藏如來爲是菩薩而說偈言。

善心慈悲　導師可起　諸佛世尊

咸稱讚汝　能斷堅牢　諸煩惱結

當來成善　淨智慧藏

善男子。爾時離怖惱菩薩聞是偈已。心大歡喜。卽起合掌。前禮佛足。去佛不遠。復坐聽法。善男子。爾時寶海梵志有三億弟子。在園門外一處而坐。教餘衆生。受三歸依。令發阿耨多羅三藐三菩提心者。善男子。爾時梵志勸諸弟子。作如是言。汝等今者應發阿耨多羅三藐三菩提心。取佛世界。令於佛前如心所求便可說之。是三億人中有一人名曰樹提。作如是言。尊者。云何菩提。云何助菩提法。云何菩薩修行菩提。

云何繫念得於菩提。爾時其師報言。摩納。如汝所問菩提者。卽是菩薩之所修集四無盡藏。何等爲四。所謂無盡福德藏。無盡智藏。無盡慧藏。無盡佛法和合藏。善男子。是名菩提。摩納。如佛所說助菩提法。所謂攝取助清淨度生死法門。善男子。捨財卽是助菩提法。以調伏衆生故。持戒卽是助菩提法。隨其所願得成就故。忍辱卽是助菩提法。三十二相八十種隨形好具足故。精進卽是助菩提法。具足一切諸事故。禪定卽是助菩提法。其心當得善調伏故。智慧卽是助菩提法。以知一切諸煩惱故。多聞卽是助菩提法。得無礙辯故。福德卽是助菩提法。一切衆生之所須故。智卽是助菩提法。成就無礙智故。寂滅卽是助菩提法。柔輭善心得成就故。思惟卽是助菩提法。成就斷疑故。慈心卽是助菩提法。成就無礙心故。悲心卽是助菩提法。教化衆生無厭足故。喜心卽是助菩提法。於正法中生愛樂故。捨心卽是助菩提法。成就斷於愛憎法故。聽法卽是助菩提法。成就滅五蓋故。出世卽是助菩提法。成就捨除一切世間故。阿蘭若卽是助菩提法。所作不善滅使不生所有善根多增長故。念是助菩提法。成就護持故。意是助菩提法。成就分別諸法故。持是助菩提法。成就思議覺悟故。念處卽是助菩提法。分別身受心法成就故。正勤卽是助菩提法。以離一切不善法。修行一切善法增廣故。如意足是助菩提法。成就身心輕利故。諸根卽是助菩提法。攝取諸根成就故。諸力卽是助菩提法。摧滅一切煩惱故。覺是助菩提法。覺如實法故。六和敬卽是助菩提法。調伏衆生令清淨故。摩納。是名攝取助清淨度生死法門。樹提復言。尊者。如佛所說。布施報卽是大富得大眷屬。護持禁戒。得生天上。廣博多聞。得大智慧。又如佛說思惟之法得度生死。師復報言。摩納。

若樂生死故行布施是故大富摩納若善男子善女人心向菩提爲心調伏故行布施爲心寂靜故持禁戒爲心清淨無有愛濁故求多聞爲大悲故思惟修道其餘諸法智慧方便成就助求摩納是名助菩提法如是修行即是繫念得菩提也摩納如是菩提今應生欲是道清淨應專心作願是道無濁心清淨故是道正直無有諂曲斷煩惱故是道安隱乃至能到涅槃城故汝等今應作大善願取莊嚴佛土隨意所求淨及不淨善男子爾時樹提摩納在寶藏佛前右膝著地長跪叉手前白佛言世尊我今發阿耨多羅

三藐三菩提。此不淨世界所有衆生。少於貪婬瞋恚愚癡。不犯非法。心無愛濁無怨賊想。捨離慳吝嫉妬之心。離邪見心。安住正見。離不善心。求諸善法離三惡心。求三善道。於三福處成就善根。於三乘法精勤修習。爾時我當成無上道。世尊。若我所願成就得已利者。令我兩手自然而出白色龍象。作是言已。佛神力故。其兩手中卽出龍象。其色純白。七處到地。見是事已。告言。龍象。汝等今者可至虛空。去此不遠。徧雨此界八德香水。覺悟此界一切衆生。若有衆生得遇一滴。聞其香氣。悉斷五蓋。所謂婬欲瞋恚睡眠掉戲疑蓋作。是語已。爾時龍象在虛空中。周旋速疾。猶如力士善射放箭。是二龍象所作諸事悉成就已。復還來至摩納前住。爾時樹提見是事已。心大歡喜。善男子。爾時寶藏如來即告摩納。善男子。未來之世。過一恆河沙等阿僧祇劫。入第二恆河沙等阿僧祇劫。是時有劫名音光明。此佛世界轉名和合音光明。汝於是中。成阿耨多羅三藐三菩提。號寶蓋增光明如來應供。正徧知。明行足。善逝。世間解。無上士。調御丈夫。天人師。佛世尊。善男子。爾時樹提頭面著地。禮於佛足。寶藏如來即為樹提而說偈言。

其心離垢　清淨且起　今已受記
能令無量　億數衆生　淨第一道
於當來世　調御天人

善男子。爾時樹提聞是偈已。生大歡喜。卽起合掌前禮佛足。去佛不遠復坐聽法。三億弟子除一千人。其餘咸共同聲發願。於此世界成阿耨多羅三藐三菩提。爾時寶藏如來。皆爲一一授其阿耨多羅三藐三菩提記。乃至毗婆尸。尸棄。毗尸沙婆。最後成阿耨多羅三藐三菩提。其餘千人。悉皆讀誦毗陀外典。其中最大所宗仰者。名婆由毗紐。白佛言。世尊。我今所願。

當於五濁惡世。成阿耨多羅三藐三菩提。爲此厚重
貪欲瞋恚愚癡多惱衆生。說於正法。時千人中復有
一人。字曰火鬘。作如是言。尊者。婆由毗紐向見何義。
願於五濁惡世之中。成阿耨多羅三藐三菩提。其師
報言。是菩薩大悲成就故。於五濁惡世。成阿耨多羅
三藐三菩提。爾時衆生無有救護。無諸善念。其心常
爲煩惱所亂。諸見所侵。於中成阿耨多羅三藐三菩
提。乃能大益無量衆生。善能爲作救護依止舍宅燈
明。兼復度脫於生死大海。敎令安住於正見中。使處
涅槃。服甘露水。是菩薩摩訶薩欲示現大悲故。願取

如是五濁惡世。善男子。爾時寶藏如來告婆由毗紐言。善男子。當來之世過一恆河沙等阿僧祇劫。入第二恆河沙等阿僧祇劫。後分之中。東方去此一佛世界微塵數等佛土。有世界名袈裟幢。汝於是中。當成阿耨多羅三藐三菩提。號金山王如來。應供。正徧知。明行足。善逝。世間解。無上士。調御丈夫。天人師。佛。世尊。爾時婆由毗紐復白佛言。世尊。若我所願成就得已利者。我今頭面敬禮佛足。唯願如來以百福莊嚴佛之兩足。置我頂上。善男子。爾時婆由毗紐說是語已。尋時敬禮寶藏佛足。卽時如來百福之足。在其頭上。復以此偈而讚歎言。

大悲心者　今可還起　智慧明利
行菩薩道　爲菩提故　斷除堅牢
諸煩惱縛　當來成佛　能大利益
無量衆生

善男子。爾時婆由毗紐聞是偈已。心大歡喜。卽起合掌。前禮佛足。去佛不遠。復坐聽法。善男子。爾時火鬘摩納在寶藏佛前。右膝著地。長跪叉手。前白佛言。我今所願。於此世界發阿耨多羅三藐三菩提心。若有衆生三毒等分。不能專心住於善法。其心不善。壽四

萬歲爾時我當成阿耨多羅三藐三菩提爾時寶藏
如來告火鬘言善男子未來之世過一恆河沙等阿
僧祇劫入第二恆河沙等阿僧祇劫後分之中此佛
世界當名娑婆何因緣故名曰娑婆是諸衆生忍受
三毒及諸煩惱是故彼界名曰忍土時有大劫名曰
善賢何因緣故劫名善賢是大劫中多有貪欲瞋恚
愚癡憍慢衆生有千世尊成就大悲出現於世善男
子賢劫之初人壽四萬歲於千佛中最初成阿耨多
羅三藐三菩提號拘留孫如來應供正偏知明行足
善逝世間解無上士調御丈夫天人師佛世尊爲諸

衆生說三乘法令無量衆生在生死者悉得解脫住
於涅槃善男子爾時火鬘摩納前禮佛足卻在一面
復坐聽法善男子爾時摩納字虛空在佛前坐白佛
言世尊我於來世次拘留孫如來之後人壽三萬歲
我當成阿耨多羅三藐三菩提爾時世尊告虛空摩
納言善男子當來之世過一恆河沙等阿僧祇劫入
第二恆河沙等阿僧祇劫後分入賢劫中娑婆世界
次拘留孫佛後人壽三萬歲汝當於中成阿耨多羅
三藐三菩提號伽那迦牟尼如來應供正遍知明行
足善逝世間解無上士調御丈夫天人師佛世尊有

大名稱徧聞世間。爾時虛空聞授記已。頭面禮佛。右繞三帀。在佛前住。以種種華散佛身上。叉手恭敬。以偈讚佛。

攝護身心　善入禪定　以微妙音
善能教誡　其心清淨　無有濁亂
雖化衆生　不壞正法　名稱光明
及念總持　百福功德　無不增廣
爲諸衆生　示現善道　豎仙勝幢
諸功德山　持以利益　無量衆生
悉令一切　功德滿足　又與衆生

善寂滅道　所燒煩惱　如須彌山
於三有中　生大悲心　而與無量
衆生授記

善男子。爾時第三摩納字毗舍毱多。在於佛前。以七寶牀。牀上所敷綩綖茵褥。價直十萬兩金。於其牀上置眞金器。盛滿七寶純金澡罐。七寶妙杖。供養世尊。及比丘僧。作是施已。白佛言。世尊。我未來世過一恆河沙等阿僧祇劫。入第二恆河沙等阿僧祇劫後分入賢劫中。願我成阿耨多羅三藐三菩提。爾時人民壽命損減。初入五濁。所有衆生厚重貪婬瞋恚愚癡。

慳吝嫉妬行於邪見隨惡知識諸不善根以覆其心於諸善根心沒退失遠離正見邪命自活伽那迦牟尼般涅槃後正法滅已一切衆生盲無慧眼無所師宗人壽二萬歲爾時我當成阿耨多羅三藐三菩提善男子爾時寶藏如來讚毗舍毱多言善哉善哉善男子汝今成就無上智慧汝當初入五濁惡世時人壽命滿二萬歲盲無慧眼無所師宗汝於是中成阿耨多羅三藐三菩提今當號汝爲大悲智慧佛告大悲智慧菩薩善男子汝於來世過一恆河沙等阿僧祇劫入第二恆河沙等阿僧祇劫後分入賢劫中人

壽二萬歲汝於爾時得成阿耨多羅三藐三菩提號迦葉如來應供正徧知明行足善逝世間解無上士調御丈夫天人師佛世尊善男子爾時大悲智慧菩薩壽以頭面禮於佛足卻住一面以種種華香末香塗香供養世尊以偈讚佛

人中之尊　利益眾生　悉能令彼
生愛樂心　念定法門　心得專一
我聞妙音　心大歡喜　智慧方便
無不具足　是故能行　世間教化
又與無量　無邊眾生　授於無上

菩提道記　緣是得見　十方諸佛
智慧神足　皆悉平等　諸佛所有
微妙功德　幷及示現　修菩提道
授諸衆生　無上道記　若欲稱讚
不可得盡　是故我今　稽首敬禮

爾時寶海梵志復告第四摩納毗舍耶無垢言。善男子。汝今可發阿耨多羅三藐三菩提心。善男子。爾時毗舍耶無垢在佛前住。白佛言。世尊。我願於此世界賢劫中。求阿耨多羅三藐三菩提。非於五濁惡世之中。如迦葉佛所有國土。迦葉如來般涅槃後。正法滅

已。人壽轉少至十千歲。所有布施調伏持戒。悉皆滅
盡。是諸眾生善心轉滅。遠離七財。於惡知識起世尊
想。於三福事求無學心。離三善行。勤行三惡。以諸煩
惱覆智慧心。令無所見。於三乘法不欲修學。是眾生
中。若我欲成阿耨多羅三藐三菩提。尚無有人能作
遮礙。何況人壽一千歲也。乃至人壽百歲。是時眾生
乃至無有善法名字。何況有行善根之者。五濁惡世。
人民壽命稍稍減少。乃至十歲。刀劫後起。我於爾時
當從天來。擁護眾生。為現善法。令離不善法。乃至安
住十善法中。離於十惡。煩惱諸結悉令清淨。滅五濁

及五

世。衆生乃至壽八萬歲。爾時我當成阿耨多羅三藐三菩提。是時衆生少於貪婬瞋恚愚癡無明慳吝嫉妬。我於爾時爲諸衆生說三乘法。令得安住。世尊。若我所願成就得已利者。唯願如來授我阿耨多羅三藐三菩提記。世尊。若我不得如是受記。我於今者當求聲聞。或求緣覺。如其乘力。疾得解脫。度於生死時寶藏佛告毗舍耶無垢言。善男子。菩薩有四懈怠。若菩薩成就如是四法者。貪著生死。於生死獄受諸苦惱。不能疾成阿耨多羅三藐三菩提。何等四。下行。下伴。下施。下願。云何菩薩下行。或有菩薩破身口戒。不善護業。是名下行。云何下伴。親近聲聞及辟支佛。與共從事。是名菩薩下伴。云何下施。不能一切捨諸所有。於受者中心生分別。爲得天上受快樂故而行布施。是名菩薩下施。云何下願。不能一心願取諸佛淨妙世界。所作誓願。不爲調伏一切衆生。是名菩薩之下願也。菩薩成是四懈怠法。久處生死受諸苦惱。不能疾成阿耨多羅三藐三菩提。善男子。復有四法。菩薩成就。則能疾成阿耨多羅三藐三菩提。何等四。一能持禁戒。淨身口意。護持法行。二親近修學大乘之人。與共同事。三所有之物能一切捨。以大悲心施於一切。四一心願取種種莊嚴諸佛世界。亦爲調伏一切衆生。是名四法。菩薩成就。則能疾成阿耨多羅三藐三菩提。復有四法。菩薩成就。能持無上菩提之道。何等四。精勤行於諸波羅蜜。攝取一切無量衆生。心常不離四無量行。遊戲諸通。是名四法。菩薩成就。能持無上菩提之道。復有四法。令心無厭。何等四。一行施。二聽法。三修行。四攝取衆生。如是四法令心無厭。菩薩應學。復有四無盡藏。是諸菩薩所應成就。何等四。一者信根。二者說法。三善根願。四者攝取貧窮衆生。是爲菩薩四無盡藏。具足修滿。復有四清淨法。菩

薩成就何等四持戒清淨以無我故三昧清淨無衆
生故智慧清淨無壽命故解脫知見清淨以無人故
是爲四淨法菩薩成就以是故疾成阿耨多羅三藐
三菩提轉虛空法輪轉不可思議法輪轉不可量法
輪轉無我法輪轉無言說法輪轉出世法輪轉通達
法輪轉諸天人所不能轉微妙之輪善男子未來之
世過一恆河沙等阿僧祇劫入第二恆河沙等阿僧
祇劫後分初入賢劫五濁滅已壽命增益至八萬歲
汝於是中成阿耨多羅三藐三菩提號曰彌勒如來
應供正徧知明行足善逝世間解無上士調御丈夫

天人師佛。世尊。爾時毗舍耶摩納在於佛前。頭面禮足卻。住一面。以種種華香末香塗香供養於佛及比丘僧。以偈讚佛。

世尊無垢　如眞金山　眉間毫相
白如珂雪　應時爲我　說微妙法
記我來世　作天人師　誰有見聞
而當不取　仙聖大覺　世燈功德

善男子。爾時寶海梵志一千摩納。唯除一人。悉共讀誦毗陀外典。皆。已勸化於阿耨多羅三藐三菩提。如拘留孫迦那伽牟尼迦葉彌勒。其第五者名師子光明亦如是其千人中唯除二人其餘皆願於賢劫中成阿耨多羅三藐三菩提於其衆中最下小者名持力捷疾寶海梵志復教令發阿耨多羅三藐三菩提心善男子汝今莫觀久遠當離心覺爲諸衆生起大悲心爾時梵志卽爲持力捷疾而說偈言

陰界諸入　所攝衆生　畏老病死
墮於愛海　閉在三有　可畏獄中
飲煩惱毒　互相侵害　長夜墮在
苦惱海中　癡盲無目　失於正道
久處生死　機關所覆　三有衆生

諸苦熾然　以離正見　安住邪見
周回生死　五道之中　不得休息
譬如車輪　有諸衆生　失於法眼
盲無所覩　又無救護　汝應修習
無量智慧　令離癡惑　使發菩提
應與衆生　作善知識　爲燒愛結
解煩惱縛　應爲是等　發菩提心
失法眼者　爲癡所覆　爲離癡故
應與勝道　生死有獄　大火熾然
與法甘露　令其充足　汝今速往

至於佛所　頭頂禮足　作大利益
當於佛所　發妙勝願　所願勝妙
善持念之　汝當來世　調御天人
常當願施　衆生無畏　拔濟一切
悉令解脫　亦令具足　根力覺道
雨大法雨　投智慧水　滅諸衆生
苦惱之火

善男子。爾時持力捷疾作如是言。尊者。我今所願。不求生天果報。不求聲聞辟支佛乘。我今唯求無上大乘。待時待處。待調伏衆生。待發善願。我今思惟如是等事。尊者且待須臾。聽我師子吼。時善男子。爾時寶海梵志漸漸卻行。有侍者五人。一名龍手。二名陸龍。三名水龍。四名虛空龍。五名妙音龍。而告之曰。汝等今者可發阿耨多羅三藐三菩提心。五人報曰。尊者。我等空無所有。無以供養佛及衆僧。未種善根。云何得發阿耨多羅三藐三菩提心。善男子。爾時梵志以左耳中所著寶環持與龍手。右耳寶環持與陸龍。所坐寶牀持與水龍。所用寶杖與虛空龍。純金澡罐與妙音龍。如是與已。作是言。童子。汝今可持此物。供養佛及衆僧。發阿耨多羅三藐三菩提心。

悲華經卷第五

音釋

濡人諸切　泓乙肱切　紐女久切

悲華經卷第六

北涼天竺三藏法師曇無讖譯

諸菩薩本受記品第四之四

爾時五人即至佛所。以所得物供養世尊及比丘僧。供養已。復白佛言。世尊。唯願如來授我阿耨多羅三藐三菩提記。令於賢劫成阿耨多羅三藐三菩提。善男子。爾時寶藏如來即與五人授阿耨多羅三藐三菩提記。龍手。汝於來世賢劫之中。當得成佛。號堅音如來。十號具足。堅音如來般涅槃後。陸龍次當成佛。號快樂尊如來。十號具足。快樂尊佛般涅槃後。水龍次當成佛。號導師如來。十號具足。導師佛般涅槃後。虛空龍次當成佛。號愛清淨如來。十號具足。愛清淨佛般涅槃後。妙音龍次當作佛。號那羅延勝葉如來。十號具足。善男子。寶藏如來記是五人賢劫成佛已。寶海梵志復告持力捷疾。善男子。汝今可取種種莊嚴淨妙世界。如心所喜。便可發願。與一切衆生甘露法味。專心精勤行菩薩道。愼莫思惟劫數長遠。善男子。爾時梵志捉持力捷疾臂。將至佛所。至佛所已坐於佛前。白佛言。世尊。未來之世。於賢劫中。有幾佛日如來出世。爾時佛告持力捷疾言。善男子。半賢劫中。

有千四佛出現於世。持力捷疾言。世尊。彼賢劫中諸
佛世尊般涅槃已。最後妙音龍成阿耨多羅三藐三
菩提。號那羅延勝葉世尊。我願於爾所時修菩薩道。
修諸苦行。持戒布施多聞精進忍辱愛語福德智慧。
種種助道悉令具足。賢劫諸佛垂成佛時。願我在初
奉施飲食。般涅槃後收取舍利起塔供養護持正法。
見毀戒者。勸化安止令住持戒。遠離正見墮諸見者。
勸化安止令住正見。散亂心者。勸化安止令住定心。
無威儀者。勸化安止住聖威儀。若有衆生欲行善根。
我當爲其開示善根。彼諸世尊般涅槃後。正法垂滅。

我於爾時當護持之。令不斷絕。於世界中然正法燈。
刀兵劫時。我當教化一切衆生持不殺戒。乃至正見。
於十惡中拔出衆生。安止令住十善道中。滅諸盲冥。
開示善法。我當滅此劫濁命濁衆生濁煩惱濁見濁
令無有餘。於饑饉劫。我當勸化一切衆生。安止住於
檀波羅蜜。乃至般若波羅蜜亦如是。我勸衆生住六
波羅蜜時。衆生所有一切飢餓黑暗穢濁怨賊鬬諍。
及諸煩惱悉令寂靜。於疾疫劫。我當教化一切衆生。
悉令住於六和法中。亦令安止住四攝法。衆生所有
疾疫黑暗。當令滅盡。於半賢劫。斷滅衆生如是苦惱。

一千四佛於半劫中出世涅槃。正法滅已。然後我當成阿耨多羅三藐三菩提。如千四佛所得壽命聲聞弟子。我之壽命。聲聞弟子。亦復如是等無差別。如千四佛於半劫中調伏衆生。願我亦於半劫之中調伏衆生。是半劫中諸佛所有聲聞弟子。毀於禁戒。墮在諸見。於諸佛所無有恭敬。生於瞋恚惱害之心。破法壞僧。誹謗賢聖。毀壞正法。作惡逆罪。世尊。我成阿耨多羅三藐三菩提時。悉當拔出於生死淤泥。令入無畏涅槃城中。我般涅槃後。正法賢劫一時滅盡。若我涅槃正法賢劫俱滅盡已。我之齒骨并及舍利。悉當變化作佛形像。三十二相瓔珞其身。一一相中有八十種好次第莊嚴。徧至十方無量無邊無佛世界。一一化佛以三乘法教化無量無邊衆生悉令不退。若彼世界災劫起時。無有佛法。是化佛像。亦當至中教化衆生如前所説。若諸世界無珍寶者。願作如意摩尼寶珠。雨諸珍寶。自然發出純金之藏。若諸世界所有衆生。離諸善根諸苦纏身。我當於中雨優陀娑香。栴檀沈水種種諸香。令諸衆生斷煩惱病。諸邪見病身四大病。於三福處勤心修行。令命終時生天人中。世尊。我行菩薩道時。當作如是利益衆生。我成阿耨多羅三藐三菩提已。當作如是佛事。般涅槃後。舍利復至無量世界。如是利益衆生。世尊。若我所願不成。不得已利。不能與諸衆生作大醫王。不能利益者。我今便爲欺誑十方無量世界在在處處現在諸佛。如來今者亦復不應與我授阿耨多羅三藐三菩提記。世尊所與無量無邊億阿僧祇衆生授阿耨多羅三藐三菩提記者。我亦不得見如是人。亦不聞是佛音聲法僧之聲。行善法聲。常墮阿鼻大地獄中。世尊。若我所願成就得已利者。如來今者當稱讚我。時佛卽讚持力捷疾言。善哉善哉。善男子。汝於來世作大醫

王。令諸衆生離諸苦惱。是故字汝爲火淨藥王。佛告
火淨藥王。汝於來世過一恆河沙等阿僧祇劫。入第
二恆河沙阿僧祇劫。後分賢劫中。一千四佛垂成阿
耨多羅三藐三菩提。汝當悉得奉施飲食。乃至如上
汝之所願。那羅延勝葉般涅槃後正法滅已。汝當成
於阿耨多羅三藐三菩提。號。樓至如來應供正徧知
明行足善逝世間解。無上士調御丈夫。天人師。佛世
尊。壽命半劫。汝之所得聲聞弟子。如千四佛所有弟
子等無差別。所化衆生。般涅槃後。正法滅已。賢劫俱
盡。齒骨舍利悉化作佛。乃至生天人中亦復如是。爾

時火淨藥王菩薩復白佛言。世尊。若我所願成就得已利者。唯願如來以百福莊嚴金色之手。摩我頂上。善男子。爾時寶藏如來。即以百福莊嚴之手。摩火淨藥王頂上。善男子。爾時火淨藥王菩薩見是事已。心生歡喜。即以頭面禮於佛足。卻住一面。爾時寶海梵志。以妙天衣與火淨藥王菩薩。而讚之曰。善哉善哉。善男子。汝之所願甚奇甚特。從今已往。更不須汝與我策使。常得自在修安樂行。爾時佛告寂意菩薩。善男子。時寶海梵志作是思惟。我今已勸無量無邊百千億那由他眾生。令住阿耨多羅三藐三菩提。我今見是諸大菩薩各各發願取淨佛土。唯除一人婆由毗紐。此賢劫中餘菩薩亦離五濁。我今當於是末世中以眞法味與諸衆生。我今當自堅牢莊嚴。作諸善願如師子吼。悉令一切菩薩聞已心生疑怪歎未曾有。復令一切大衆天龍鬼神乾闥婆阿脩羅迦樓羅緊那羅摩睺羅伽人及非人。叉手恭敬供養於我。令佛世尊稱讚於我。并授記莂。令十方無量無邊在在處處現在諸佛。爲諸衆生講說正法。彼諸如來聞我師子吼者。悉讚歎我。授我阿耨多羅三藐三菩提記。亦遣使來。令諸大衆悉得見之。我今最後發大誓願。

成就菩薩所有大悲乃至成阿耨多羅三藐三菩提
已若有衆生聞我大悲名者悉令生於希有之心若
於後時有諸菩薩成就大悲者亦當願取如是世界
是世界中所有衆生飢虛於法盲無慧眼具足四流
是諸菩薩當作救護而爲說法我乃至般涅槃已十
方無量無邊百千億諸世界中在在處處現在諸佛
於諸菩薩大衆之中稱讚我名亦復宣說我之善願
令彼菩薩以大悲熏心皆專心聽聞是事已心大驚
怪歎未曾有先所得悲皆更增廣如我所願取不淨
土是諸菩薩皆如我於不淨世界成阿耨多羅三藐

三菩提。拔出四流眾生。安止令住於三乘中。乃至涅槃。善男子。爾時寶海梵志思惟如是大悲願已。偏袒右肩至於佛所。爾時復有無量百千萬億諸天。在虛空中作天技樂雨種種華。各各同聲而讚歎言。善哉善哉。善大丈夫。今至佛所發奇特願。欲以智水滅於世間眾生煩惱。爾時一切大眾合掌恭敬在梵志前。同聲禮敬而讚歎言。善哉善哉。尊大智慧。我等今者得大利益。能作牢堅諸善願也。我等今者願聞尊意所發善願。爾時梵志在於佛前右膝著地。爾時三千大千世界六種震動。種種技樂不鼓自鳴。飛鳥走獸

相和作聲。一切諸樹生非時華。三千大千世界之中
因地衆生於阿耨多羅三藐三菩提若已發心。若未
發心。唯除地獄餓鬼下劣畜生。其餘衆生皆悉生於
大利益心純善之心無怨賊心無濁穢心慈心。希有
心。飛行衆生尋住於空。心生歡喜。散種種華。末香塗
香。種種技樂。幢旛衣服。而以供養。柔輭妙音讚詠梵
志。皆悉一心欲聞梵志所發善願。乃至阿迦膩吒天。
天上諸天。亦下閻浮提在虛空中。散種種華末香塗
香種種技樂幢旛衣服而以供養。柔輭妙音讚詠梵
志。精勤一心欲聞梵志所發善願。爾時寶海梵志又

手恭敬以偈讚佛。

遊戲禪定　如大梵王　光明端嚴
如天帝釋　捨財布施　如轉輪王
持妙珍寶　如主藏臣　功德自在
如師子王　不可傾動　如須彌山
心不波蕩　如大海水　於罪不罪
其心如地　除諸煩惱　如淸淨水
燒諸結使　如猛火炎　無諸障礙
猶如大風　示現實法　如四天王
所雨法雨　如大龍王　充足一切

猶如時雨　破諸外道　如大論師
功德妙香　如須曼華　說法妙音
猶如梵天　除諸苦惱　如大醫王
等心一切　如母愛子　攝取衆生
猶如慈父　身不可壞　如金剛山
能斷愛枝　猶如利刀　廣度生死
猶如船師　以智濟人　猶如舟船
光明清涼　如月盛滿　開衆生華
如日初出　能與衆生　沙門四果
猶如秋樹　生諸果實　僊聖圍繞

猶如鳳凰　其意深廣　猶如大海
等心衆生　猶如草木　知諸法相
如觀空拳　等心行世　平如水相
成就妙相　善於大悲　能與無量
衆生授記　我今調伏　無量衆生
唯願如來　與我授記　於未來世
成就勝道　微妙智慧　大僊世尊
願以妙音　眞實說之　我於惡世
要修諸忍　與諸結使　煩惱賊鬬
拔出無量　一切衆生　安止住於

寂滅道中

善男子。寶海梵志說此偈讚佛已。是時一切大衆皆讚歎言。善哉善哉。善大丈夫。善能讚歎如來法王。爾時梵志復白佛言。世尊。我已敎化無量億衆。發阿耨多羅三藐三菩提心。是諸衆生已。各願取淨妙世界。離不淨土。以清淨心種諸善根。善攝衆生而調伏之。火鬘摩納等一千四人。皆悉讀誦毗陀外典。如來已爲是諸人等授其記莂。於賢劫中當成爲佛。有諸衆生多行貪婬瞋癡憍慢。悉當調伏。於三乘中。是一千四佛所放捨者。所謂衆生厚重煩惱。五濁惡世。能作

五逆毀壞正法誹謗聖人行於邪見離聖七財不孝
父母於諸沙門婆羅門所心無恭敬作不應作應作
不作不行福事不畏後世於三福處無心欲行不求
天上人中果報勤行十惡趣三不善離善知識不知
親近眞實智慧入於三有生死獄中隨四瀑流沒在
灰河爲癡所盲離諸善業專行惡業如是衆生諸佛
世界所不容受是故擯來集此世界以離善業行不
善業行於邪道重惡之罪猶如大山爾時娑婆世界
賢劫中人壽命千歲是一千四佛大悲不成不取如
是弊惡之世令諸衆生流轉生死猶如機關無有救

護。無所依止。無舍無燈。受諸苦惱。而反捨放。各各願取淨妙世界。淨土眾生。已自善調伏其心。清淨。已種善根。勤行精進。已得供養無量諸佛。而更攝取世尊。是諸人等為實爾不爾。爾時世尊即告梵志。實如所言。善男子。是諸人等如其所喜。各取種種嚴淨世界。我隨其心已與授記。爾時梵志復白佛言。世尊。我今心動。如緊手樹葉。心大憂愁。身皆憔悴。此諸菩薩雖生大悲。不能取此五濁惡世。令彼諸眾生墮癡黑暗。世尊。乃至來世過一恆河沙等阿僧祇劫。入第二恆河沙等阿僧祇劫。後分賢劫中人壽千歲。我當待時行

菩薩道。久在生死。忍受諸苦。以諸菩薩三昧力故。要
當不捨如是衆生。世尊。我今自行六波羅蜜。調伏衆
生。如佛言曰。以財物施名檀波羅蜜。世尊。我行檀波
羅蜜時。若有衆生世世從我乞求所須。隨其所求要
當給足。飲食醫藥。衣服臥具。舍宅聚落。華香瓔珞塗
身之香。供給病者醫藥。侍使。幢旛寶蓋。錢財穀帛。象
馬車乘。金銀錢貨。眞珠瑠璃玻瓈珂貝璧玉珊瑚眞
寶僞寶。天冠拂飾。如是等物。我於衆生乃至貧窮。生
大悲心。悉以施與。雖作是施。不求天上人中果報。但
爲調伏攝衆生故。以是因緣捨諸所有。若有衆生乞

求過量所謂奴婢聚落城邑妻子男女手腳鼻舌頭目皮血骨肉身命乞求如是過量之物爾時我當生大悲心以此諸物持用布施不求果報但爲調伏攝衆生故世尊我行檀波羅蜜時過去菩薩行檀波羅蜜者所不能及未來菩薩當發阿耨多羅三藐三菩提心行檀波羅蜜者亦不能及世尊我於來世爲行菩薩道故於百千億劫常行如是檀波羅蜜世尊未來之世若有欲行菩薩道者我當爲是行檀波羅蜜令不斷絕我初入尸羅波羅蜜時爲阿耨多羅三藐三菩提故持種種戒修諸苦行如檀中說觀我無我

故。五情不為五塵所傷。此羼提波羅蜜。我如是行羼提波羅蜜。亦如上說。觀有為法離諸過惡。見無為法微妙寂滅。精勤修習於無上道。不生退轉。此毗棃耶波羅蜜。我亦如是行毗棃耶波羅蜜。若一切處修行空相得寂滅法。是名禪波羅蜜。若解諸法本無生性。今則無滅。是名般若波羅蜜。我於無量百千億阿僧祇劫。堅固精勤修集般若波羅蜜。何以故。或有菩薩於過去世。不為阿耨多羅三藐三菩提行菩薩道。堅固精勤修習般若波羅蜜。未來之世或有菩薩。未為阿耨多羅三藐三菩提行菩薩道。堅固精勤修習般若波羅蜜。是故我今當於來世。發阿耨多羅三藐三菩提心。修菩提道。令諸善法無有斷絕。世尊。我初發心。已爲未來諸菩薩等開示大悲。乃至涅槃。有得聞我大悲名者。心生驚怪歎未曾有。是故我於布施不自稱讚。不依持戒。不念忍辱。不倚精進。不味諸禪。所有智慧不著三世。雖行如是六波羅蜜。不求果報。有諸衆生離聖七財。無佛世界之所擯棄。作五逆罪。毀壞正法。誹謗賢聖。行於邪見。重惡之罪猶如大山。常爲邪道之所覆蔽。是故我今爲是衆生專心莊嚴精勤修習六波羅蜜。我爲一一衆生種善根故。於十劫中入阿鼻地獄受無量苦畜生餓鬼及貧窮鬼神卑賤人中亦復如是若有衆生空無善根失念焦心我悉攝取而調伏之令種善根乃至賢劫於其中間終不願在天上人中受諸快樂唯除一生處兜術天待時成佛世尊我應如是久處生死如一佛世界微塵等劫以諸所須供養諸佛爲一衆生種善根故以一佛世界微塵數等諸供養具供養十方無量無邊一一諸佛亦於十方無量無邊一一佛所得如一佛世界微塵數等諸善功德於一一佛前復得教化如一佛世界微塵數等衆生令住無上菩提之道緣覺聲

聞亦復如是。隨諸衆生所願而教。若有世界佛未出世。願作僊人教諸衆生。令住十善五神通中。遠離諸見。若有衆生事摩醯首羅天。我願化身如摩醯首羅而教化之。令住善法。事八臂者。亦願化爲八臂天身而教化之。令住善法。事日月梵天。亦願化爲日月梵身而教化之。令住善法。有事金翅鳥乃至事兎。願化爲兎身隨而教化。令住善法。若見飢餓衆生。我當以身血肉與之。令其飽滿。若有衆生犯於諸罪。當以身命代其受罪。爲作救護。世尊。未來世中有諸衆生。離諸善根。燒滅善心。我於爾時爲是衆生。當勤精進行菩薩道。墮在生死受諸苦惱。乃至過一恆河沙等阿僧祇劫。第二恆河沙等阿僧祇劫後分。初入賢劫。火鬘摩納成阿耨多羅三藐三菩提字拘留孫如來時。我所教化離諸善業。行不善業。燒焦善心離聖七財作五逆罪。毀壞正法。誹謗聖人。行於邪見重惡之罪猶如大山。常為邪道之所覆蔽無佛世界所棄捐者。令發阿耨多羅三藐三菩提心。行檀波羅蜜乃至行般若波羅蜜。安止住於不退轉地。皆令成佛。在於十方。如一佛土微塵數等諸佛世界轉正法輪。令諸衆生於阿耨多羅三藐三菩提種諸善根。出離惡道。安止得住功德智慧助菩提法者。願我爾時悉得見之。
世尊。若有諸佛在在處處遣諸衆生至諸佛所。受阿
耨多羅三藐三菩提記。令得陀羅尼三昧忍辱。即得
次第上菩薩位。得於種種莊嚴世界。各各悉得隨意
所求取淨佛土。如是衆生悉是我之所勸化者。入賢
劫中拘留孫佛出世之時。如是等衆。亦於十方如微
塵等諸佛世界。成阿耨多羅三藐三菩提。在在處處
住世說法。亦令我見。世尊拘留孫佛成佛之時。我至
其所。以諸供具而供養之。種種咨問出家之法。持清
淨戒。廣學多聞。專修三昧。勤行精進。說微妙法。唯除

如來餘無能勝。是時或有鈍根衆生無諸善根。墮在邪見行不正道作五逆罪。毀壞正法誹謗賢聖重惡之罪猶如大山。我時當爲如是衆生說於正法攝取調伏。佛日沒已。我於其後自然當作無量佛事。伽耶迦牟尼迦葉佛等住世說法。乃至自然作於佛事。亦復如是。乃至人壽千歲。我於爾時勸諸衆生於三福處。過千歲已。上生天上。爲諸天人講說正法。令得調伏。乃至人壽百二十歲。爾時衆生愚癡自在。自恃端正種姓豪族。有諸放逸慳吝嫉妬。墮在黑暗五濁惡世。厚重貪欲瞋恚愚癡。憍慢慳吝嫉妬。非法行欲。非法求財行邪倒見離聖七財不孝父母於諸沙門婆羅門所不生恭敬應作不作作不應作不行福事不畏後世不勤修習於三福處不樂三乘於三善根不能修行專爲三惡不修十善勤行十惡其心常爲四倒所覆安止住於四破戒中令四魔王常得自在漂在四流五蓋蓋心當來世中如是衆生六根放逸行八邪法入大罪山起諸結縛不求天上人中果報邪倒諸見趣於邪道行於五逆毀壞正法誹謗聖人離諸善根貧窮下賤無所畏忌不識恩義失於正念輕懱善法無有智慧不能學問破戒諛諂以嫉妬心於

所得物不與他分。互相輕慢無有恭敬。懶惰懈怠。諸
根缺漏。身體羸劣。乏之於衣服。親近惡友。處胎失念。以
受種種諸苦惱故。惡色憔悴。其眼互視無慚無愧。互
相怖畏。於一食頃。身口意業所作諸惡無量無邊。以
能為惡故得稱歎。爾時眾生專共修習斷常二見。堅
著五陰危脆之身。於五欲中深生貪著。常起忿恚怨
賊之心。欲害眾生心。常瞋惱。穢濁麤朴。未得調伏。慳
吝貪著。不捨非法。無有決定。互相畏怖起於諍競。以
穢濁心共相殺害。遠離善法。起無善心。作諸惡業。於
善不善不信果報。於諸善法起違背心。於滅善法生

歡喜心。於不善法起專作心。於寂滅涅槃起不求心。
於持戒沙門婆羅門所生不敬心。於諸結縛起希求
心。於老病死起深信心。於諸煩惱起受持心。於五蓋
法起攝取心。於正法幢起遠離心。於諸見幢起豎立
心。常起相違輕毀之心。共起鬭諍相食噉心。各各相
違共相侵陵。攝取怨恨惱亂之心。於諸欲惡起無厭
心。於他財物起嫉妬心。於受恩中起不報心。於諸衆
生起賊盜心。於他婦女起優惱心。是時衆生一切心
中無有善願。是故常聞地獄聲。畜生聲。餓鬼聲。疾病
聲。老死聲。惱害聲。八難聲。閉繫聲。杻械枷鎖縛束聲。

奪他財物侵惱聲。瞋恚輕毀訶責聲。破壞衆人和合聲。他方國賊兵甲聲。飢餓聲。穀貴偷盜聲。邪婬妄語狂癡聲。兩舌惡言綺語聲。慳貪嫉妒攝取聲。著我我所鬬諍聲。憎愛適意不適意聲。恩愛別離憂悲聲。怨憎集聚苦惱聲。各各相畏僮僕聲。處胎臭穢不淨聲。寒熱飢渴疲極聲。耕犂種植悤務聲。種種工巧疲厭聲。疹病患苦羸損聲。是時衆生各各常聞如是等聲。如是衆生斷諸善根。離善知識。常懷瞋恚。皆悉充滿娑婆世界。悉是他方諸佛世界之所擯棄。以重業故。於賢劫中壽百四十歲。如是衆生業因緣故。於娑婆世界受其卑陋。成就一切諸善根者之所遠離。娑婆世界。其地多有鹹苦鹽鹵。土沙礫石。山陵堆阜。谿谷溝壑。蚊虻毒蛇。諸惡鳥獸。充滿其中。麤澀惡風。非時而起。常於非時。惡雹雨水。其雨水味。毒酢鹹苦。以是雨故。生諸藥草樹木莖節枝葉華果百穀。諸味。皆悉雜毒。如是非時。麤澀惡濁雜毒之物。衆生食已。增益瞋恚。顏色憔悴。無有潤澤。於諸衆生心無慈愍。誹謗聖人。各各無有恭敬之心。常懷恐怖。其相殘害。生惱亂心。噉肉飲血。剝皮而衣。執持刀杖。勤作殺害。自恃豪族。色貌端正。讀誦外典。便習鞍馬。善用刀槊弓箭射御。於自眷屬生嫉妬心。若諸衆生修習邪法受種種苦。世尊。願我爾時從兜術天下生最勝轉輪王家。若自在王家。處在第一大夫人胎。為諸衆生調伏其心修善根故。尋入胎時放大光明。其光微妙徧照娑婆世界。從金剛際上至阿迦尼吒天。令彼所有諸衆生等。若在地獄。若在畜生。若在餓鬼。若在天上。若在人中。若有色。若無色。若有想。若無想。若非有想。若非無想。悉願見我微妙光明。若光觸身亦願得知。以見知光故。悉得分別生死過患。勤求無上寂滅涅槃。乃至一念斷諸煩惱。是名令諸衆生初種涅槃之根栽

也願我處胎於十月中得選擇一切法入一切法門
所謂無生空三昧門於未來世無量劫中說此三昧
善決定心不可得盡若我出胎成阿耨多羅三藐三
菩提已彼諸衆生我當拔出令離生死如是等衆悉
令見我雖處母胎滿足十月然其實是住珍寶三昧
結跏趺坐正受思惟十月滿已從右脅出以一切功
德成就三昧力故令娑婆世界從金剛際上至阿迦
尼吒天六種震動其中衆生或處地獄畜生餓鬼天
上人中悉得覺悟爾時復以微妙光明徧照娑婆世
界亦得覺悟無量衆生若有衆生未種善根我當安

止令種善根。於涅槃中種善根已。令諸衆生生三昧芽。我出右脅足蹈地時。復願娑婆世界從金剛際上至阿迦尼吒天六種震動。所有衆生依水依地依於虛空胎生卵生濕生化生在五道者。悉得覺悟。若有衆生未得三昧。願皆得之。得三昧已。安止令住三乘法中不退轉地。我既生已。於娑婆世界所有諸天梵王魔天忉利諸天及日月天四天王天。諸大龍王乾闥婆阿脩羅迦樓羅緊那羅摩睺羅伽化生神僊夜叉羅刹。悉令盡來共供養我。令我生已。尋行七步。行七步已。以選擇功德三昧力故。說於正法。令諸大衆

心生歡喜住於三乘於此衆中若有衆生學聲聞者
願盡此生便得調伏若有習學緣覺乘者一切皆得
日華忍辱有學大乘者皆得執持金剛愛護大海三
昧以三昧力故超過三地我於爾時希求洗浴願有
最勝大龍王來洗浴我身衆生見者卽住三乘所得
功德如上所說我爲童子乘羊車時所可示現種種
技術爲覺一切諸衆生故處在宮殿妻子婇女五欲
之中共相娛樂見其過患夜半出城除諸瓔珞嚴身
之具爲欲破壞尼犍子等諸外道師恭敬衣服故我
著袈裟至菩提樹下衆生見我處於菩提樹下皆悉

發願。欲令我速以一切功德成就三昧力說三乘法。聞是法已。於三乘中生深重欲勤行精進。若有已發聲聞乘者。令脫煩惱要一生在當於我所而得調伏若有已發緣覺乘者。皆悉令得日華忍辱。若有已發大乘之者。皆得執持金剛愛護大海三昧。以三昧力故。超過三地我。自受草。於菩提樹下。敷金剛座處結跏趺坐。身心正直。繫念在於阿頗三昧。以三昧力故。令出入息停住寂靜。於此定中。一日一夜日食半麻半米。以其餘半持施他人。我如是久遠修習苦行。娑婆世界上至阿迦尼吒天聞我名者。皆到我所供養於我我。如是苦行。如是等衆悉當爲我而作證明。若有衆生於聲聞乘種善根者。世尊。願令是等於諸煩惱心得寂靜。若餘一生要至我所。我當調伏。緣覺大乘亦復如是。若有諸龍鬼神。乾闥婆阿脩羅迦樓羅緊那羅摩睺羅伽。餓鬼毗舍遮五通神僊。求至我所供養於我。我如是苦行。是等衆生皆爲證明。若有已學聲聞緣覺及大乘者。亦復如是。若有四天下衆生。修於外道。麤食苦行。有諸非人往至其所。說如是言。卿等不能悉行諸苦。亦復不得大果報也。非是希有。如我地分。有一生菩薩行於苦行。復入如是微妙禪定身口意業皆悉寂靜滅出入息一日一夜日食半麻半米如是苦行大得果報得大利益多所開化是苦行人不久當成阿耨多羅三藐三菩提卿若不信我所言者自可往至其所觀其所作世尊願是諸人捨其所修悉來我所觀我苦行或有衆生已學聲聞乃至大乘亦復如是若有諸王大臣人民在家出家一切見我我行是苦行來至我所供養於我或有已學聲聞緣覺大乘亦復如是若有女人見我苦行來至我所供養於我是諸女人所受身分卽是後邊若有已學聲聞緣覺大乘亦復如是若有諸禽獸見我苦

行亦至我所。是諸禽獸於此命終。更不復受畜生之身。若有已發聲聞乘者。餘一生在。要至我所而得調伏。若有已發緣覺心者。亦復如是。乃至微細小蟲餓鬼亦如是。我如是久遠苦行一結跏趺坐時。有百千億那由他等無量衆生為我證明。如是衆生已於無量無邊阿僧祇劫種解脫子。世尊我如是苦行過去衆生未曾有能作如是行。及餘外道聲聞緣覺大乘之人。亦無有能作如是苦行。世尊。我如是苦行。未來衆生亦無能作。及餘外道聲聞緣覺大乘之人。亦無能作如是苦行。我未成阿耨多羅三藐三菩提時。已能作大事。所謂破壞魔王及其眷屬。我願破煩惱魔。成阿耨多羅三藐三菩提已。爲一衆生安住阿羅漢勝妙果中。隨爾所時現受殘業報身。如是等二衆生安住阿羅漢。第三第四亦如是。我爲一一衆生故。示現百千無量神足。欲令安住正見之中。爲一衆生故。說百千無量法門義。隨其所堪令住聖果。以金剛智慧破一切衆生諸煩惱山。爲諸衆生說三乘法。爲一一衆生故。過百千由旬。不乘神力往至其所而爲說法。令得安住無所畏中。或有諸人於我法中欲出家者。願無障礙。所謂羸劣失念狂亂憍慢無有畏懼癡無智慧多諸結使。其心散亂。若有女人欲於我法出家學道。要受大戒者。願令成就。願我四衆比丘比丘尼優婆塞優婆夷。悉得供養。願諸天人及諸鬼神得四聖諦。諸龍阿脩羅及餘畜生。受持八戒。修淨梵行。世尊。我成阿耨多羅三藐三菩提已。若有衆生於我生瞋。或以刀杖火阬及餘種種欲殘害我。或以惡言誹謗罵詈徧十方界而作輕毀。若持毒食以用飯我。如是殘業。我悉受之。成阿耨多羅三藐三菩提。往昔所有怨賊衆生。起於害心。種種惡言。以雜毒食出我身血。如是等人。悉以惡心來至我所。我當以戒多聞三昧大悲熏心梵音妙聲而爲說法令彼聞已心生清淨住於善法所作惡業尋便懺悔更不復作悉令得生天上人中無有障礙生天人中得妙解脫安住勝果離諸欲惡永斷諸流障礙業盡若諸衆生有殘業者皆悉得盡無有遺餘世尊我成阿耨多羅三藐三菩提已一切所有身諸毛孔日日常有諸化佛出三十二相瓔珞其身八十種好次第莊嚴我當遣至無佛世界有佛世界及五濁界若彼世界有五逆人毀壞正法誹謗聖人乃至斷諸善根有學聲聞緣覺大乘毀破諸戒墮於大罪燒滅善心滅失善道墮在

生死空曠澤中。行諸邪道。登涉罪山。如是衆生百千萬億。一一化佛一日之中。徧爲說法。或有奉事摩醯首羅。隨作其形而爲說法。亦於爾時稱我名字而讚歎之。願是衆生聞讚歎我。心生歡喜。種諸善根。生我世界。世尊。是諸衆生若臨終時。我不在其前爲演說法。令心淨者。我於未來終不成阿耨多羅三藐三菩提。若彼衆生命終之後。墮三惡道。不生我國受人身者。我之所知無量正法悉當滅失。所有佛事皆不成就。事那羅延者亦復如是。世尊。我成阿耨多羅三藐三菩提已。願令他方世界所有五逆之人。乃至行諸邪道。登涉罪山。如是衆生臨命終時。悉來集聚生我世界。隨其本相所受身色艾白無潤。面目醜陋如毗舍遮。失念破戒。臭穢短命。以此諸惡損減其身。資生所須常不供足。爲是衆生故。於娑婆世界諸四天下。一時之中。從兜術下。現處母胎。乃至童子學諸技藝。出家苦行。破壞諸魔。成無上道轉正法輪。般涅槃後流布舍利。如是示現種種佛事。悉皆徧滿如是百億諸四天下。

悲華經卷第六

音釋

記剆 剆必劣切記剆剆謂授將來成佛之記劫國名號之剆也 懱 莫結切輕易也 脃 此芮切物易斷也 疹 止忍切病也 谿壑 谿苦奚切澗也壑黑各切谷也 槊 所角切矛屬

詈 力置切罵也

悲華經卷第七

北涼天竺三藏法師曇無讖譯

諸菩薩本受記品第四之五

世尊。我成阿耨多羅三藐三菩提已。一音說法。或有衆生學聲聞乘。聞佛說法。卽得知聲聞法藏。或有修學辟支佛乘。聞佛說法。便得解於辟支佛法。或有修學無上大乘。聞佛說法。便得解了大乘之法。純一無雜。若有修習助菩提法。欲得菩提。聞佛說法。卽得捨財。行於布施。若有衆生離諸功德。希求天上人中快樂。聞佛說法。卽得持戒。若有衆生互相怖畏。有愛瞋心聞佛說法卽得相於生親厚心者若有衆生喜爲殺業聞佛說法卽得悲心若有衆生常爲慳吝嫉妬覆心聞佛說法卽修喜心若有衆生端正無病貪著於色心生放逸聞佛說法卽得捨心若有衆生婬欲熾盛其心放逸聞佛說法卽觀不淨若有衆生學大乘者爲掉蓋所覆聞佛說法卽得身念處法若有衆生常自稱讚能大論議其智慧明猶如掣電聞佛說法卽解甚深十二因緣若有衆生寡聞少見自稱能論聞佛說法卽得不奪不失諸陀羅尼若有衆生入邪見山聞佛說法卽解諸法甚深空門若有衆生諸

覺覆心。聞佛說法卽得深解無相法門。若有衆生諸不淨願覆蔽其心。聞佛說法卽得深解無作法門。若有衆生心不清淨。聞佛說法。心得清淨。若有衆生以多緣覆心。聞佛說法得解不失菩提心法。若有衆生瞋恚覆心。聞佛說法解眞實相得受記莂。若有衆生依倚覆心。聞佛說法深解諸法無所依倚。若有衆生愛染覆心。聞佛說法。疾解諸法無垢清淨。若有衆生忘失善心。聞佛說法深解日光三昧。若有衆生行諸魔業。聞佛說法速得解了清淨之法。若有衆生邪論覆心。聞佛說法卽得深解增益正法。若有衆生煩惱覆心。聞佛說法速得解了離煩惱法。若有衆生行諸惡道。聞佛說法卽得回反。若有衆生於大乘法讚說邪法以爲吉妙。聞佛說法卽於邪法生退轉心而得正解。若有菩薩厭於生死。聞佛說法卽於生死心生愛樂。若有衆生不知善地。聞佛說法卽得覺了善地之法。若有衆生見他爲善。不生好樂。生於妬嫉。聞佛說法卽得心喜。若有衆生其心各各其相違反。聞佛說法卽得無礙光明。若有衆生行諸惡業。聞佛說法深解惡業所得果報。若有衆生怖畏大衆。聞佛說法深得解了師子相三昧。若有衆生四魔覆心。聞佛說法。疾得首楞嚴三昧。若有衆生不見諸佛國土光明。聞佛說法。卽得深解種種莊嚴光明三昧。若有衆生有憎愛心。聞佛說法。卽得捨心。若有衆生未得佛法光明。聞佛說法。卽得法幢相三昧。若有衆生離大智慧。聞佛說法。卽得法炬三昧。若有衆生癡暗覆心。聞佛說法。卽得日燈光明三昧。若有衆生口無辯才。聞佛說法。卽得種種功德應辯。若有衆生觀色和合無有堅固猶如水沫。聞佛說法。卽得那羅延三昧。若有衆生心亂不定。聞佛說法。卽得堅牢決定三昧。若有衆生欲觀佛頂。聞佛說法。卽得須彌幢三昧。若有衆生放捨本願。聞佛說法。卽得堅牢三昧。若有衆生退失諸通。聞佛說法。卽得金剛三昧。若有衆生於菩提場而生疑惑。聞佛說法。卽得了達金剛道場。若有衆生一切佛法中無厭離心。聞佛說法。卽得金剛三昧。若有衆生不知他心。聞佛說法。卽知他心。若有衆生於諸根中不知利鈍。聞佛說法。卽知利鈍。若有衆生各各種類不相解語。聞佛說法。卽得解了音聲三昧。若有衆生未得法身。聞佛說法。卽得解了分別諸身。若有衆生不見佛身。聞佛說法。卽得不眴三昧。若有衆生分別諸緣。聞佛說法。卽得無諍三昧。若有衆生於轉法輪心生疑惑。聞佛說法。於轉法輪得心清淨。若有衆生起無因邪行。聞佛說法。卽得法明隨順因緣。若有衆生於一佛世界起於常見。聞佛說法。卽得善別無量佛土。若有衆生未種諸相善根。聞佛說法。卽得種種莊嚴三昧。若有衆生不能善別一切言語。聞佛說法。卽得解了分別種種言音三昧。若有衆生專心求於一切智慧。聞佛說法。卽得無所分別法界三昧。若有衆生退轉於法。聞佛說法。卽得堅固三昧。若有衆生不知法界。聞佛說法。卽得大智慧。若有衆生離本誓願。聞佛說法。卽得不失三昧。若有衆生分別諸道。聞佛說法。卽得一道無所分別。若有衆生推求智慧欲同虛空。聞佛說法。卽得無所有三昧。若有衆生未得具足諸波羅蜜。聞佛說法。卽得住於淨波羅蜜。若有衆生未得具足四攝之法。聞佛說法。卽得妙善攝取三昧。若有衆生分別四無量心。聞佛說法卽得平等勤心精進。若有衆生未得具足三十七助菩提法。聞佛說法。卽得住出世三昧。若有衆生其心失念及善智慧。聞佛說法卽得大海智印三昧。若有衆生其心疑惑。未生法忍。聞佛說法。卽得諸法決定三昧。以一法相故。若有衆生忘所聞法。聞佛說法。卽得不失念三昧。若有衆生各各說法不相喜樂。聞佛說法。即得清淨慧眼無有疑網。若有衆生於三寶中不生信心。聞佛說法。即得功德增長三昧。若有衆生渴乏法雨。聞佛說法。即得法雨三昧。若有衆生於三寶中起斷滅見。聞佛說法。即得諸寶莊嚴三昧。若有衆生不作智業。不勤精進。聞佛說法。即得金剛智慧三昧。若有衆生爲諸煩惱之所繫縛。聞佛說法。即得虛空印三昧。若有衆生計我我所。聞佛說法。即得智印三昧。若有衆生不知如來具足功德。聞佛說法。即得世間解脫三昧。若有衆生於過去世未供養佛。聞佛說法。卽得種種神足變化。若有衆生一法界門。於未來世無量劫中未得說之。聞佛說法卽得解說一切諸法同一法界。若有衆生於諸一切脩多羅中未得選擇。聞佛說法卽得諸法平等實相三昧。若有衆生離六和法。聞佛說法。卽得解了諸法三昧。若有衆生於不可思議解脫法門不勤精進。聞佛說法。於諸通中卽得師子遊戲三昧。若有衆生欲分別入於如來藏。聞佛說法更不從他聞。卽得分別入如來藏。若有衆生於菩薩道不勤精進。聞佛說法。卽得智慧勤行精進。若有衆生未曾得見本生經。聞佛說法卽得

一切在處處三昧若有衆生行道未竟聞佛說法
卽得受記三昧若有衆生未得具足如來十力聞佛
說法卽得無壞三昧若有衆生未得具足四無所畏
聞佛說法卽得無盡意三昧若有衆生未得具足佛
不共法聞佛說法卽得不共法三昧若有衆生未得
具足無愚癡見聞佛說法卽得願句三昧若有衆生
未覺一切佛法之門聞佛說法卽得鮮白無垢淨印
三昧若有衆生未具足一切智聞佛說法卽得善了
三昧若有衆生未得成就一切佛事聞佛說法卽得
無量不盡意三昧如是等衆生於聞法中各得信解

有諸菩薩其心質直無有諂曲。聞佛說法。卽得八萬四千諸法門。八萬四千諸三昧門。七萬五千陀羅尼門。有無量無邊阿僧祇菩薩摩訶薩修習大乘者。聞是說法。亦得如是無量功德。安止住於不退轉地。是故諸菩薩摩訶薩。欲得種種莊嚴堅牢故。發不可思議願。增益不可思議知見。以自莊嚴。以三十二相莊嚴故。得八十隨形好。以妙音莊嚴故。隨諸衆生所喜說法。令聞法者滿足知見。以心莊嚴故。得諸三昧不生退轉。以念莊嚴故。不失一切諸陀羅尼。以心莊嚴故。得分別諸法。以念莊嚴故。得解微塵等義。以善心莊嚴故得堅固誓願牢堅精進如其所願到於彼岸。以專心莊嚴故次第過住以布施莊嚴故於諸所須悉能放捨以持戒莊嚴故令心善白清淨無垢以忍辱莊嚴故於諸衆生心無障礙以精進莊嚴故一切佐助悉得成就以禪定莊嚴故於一切三昧中得師子遊戲以智慧莊嚴故知諸煩惱習以慈莊嚴故專心念於一切衆生以悲莊嚴故悉能拔出衆生之苦。以喜莊嚴故於一切法心無疑惑以捨莊嚴故得離憍慢心無高下以諸通莊嚴故於一切法得師子遊戲以功德莊嚴故得不可盡藏寶手以智莊嚴故知諸衆生所有諸心。以意莊嚴故。方便醒悟一切衆生。以光明莊嚴故。得智慧眼明。以諸辯莊嚴故。令衆生得法義應辭。以無畏莊嚴故。一切諸魔不能留難。以功德莊嚴故。得諸佛世尊所有功德。以法莊嚴故。得無礙辯。常爲衆生演說妙法。以光明莊嚴故。得一切佛法光明。以照明莊嚴故。能徧照於諸佛世界。以他心莊嚴故。得正智無亂。以教誡莊嚴故。得如所說護持禁戒。以神足莊嚴故。得如意足到於彼岸。以受持一切諸如來莊嚴故。得入如來無量法藏。以尊法莊嚴故。得不隨他智慧。以隨行一切善法莊嚴故。得如

說而行欲令如是衆生悉得如是等功德利益若有
無量無邊阿僧祇菩薩摩訶薩修習大乘以我說一
句法故悉具如是白淨善法皆使充足以是故諸菩
薩摩訶薩於諸法中所得智慧不從他聞得成就大
法光明成阿耨多羅三藐三菩提世尊若有衆生於
他方世界作五逆罪乃至犯四重禁燒滅善心若學
聲聞緣覺大乘以願力故欲來生我世界既來生已
復聚一切諸不善業麤朴弊惡其心喜求强梁難調
專心四倒貪著慳吝如是等衆生八萬四千異性亂
心我當爲其各各異性廣說八萬四千法聚世尊若

有衆生學無上大乘。我當爲其具足廣說六波羅蜜。所謂檀波羅蜜乃至般若波羅蜜。若有衆生學聲聞乘。未種善根。願求諸佛以爲其師。我當安止於三歸依。然後勸令住六波羅蜜。若有衆生喜爲殺害。我當安止於不殺中。若有衆生專行貪惡。我當安止於不盜中。若有衆生非法邪婬。我當安止不邪婬中。若有衆生各各故作誹謗妄語。我當安止不妄語中。若有衆生樂爲狂癡。我當安止不飲酒中。若有衆生犯此五事。我當令受優婆塞五戒。若有衆生於諸善法不生喜樂。我當令其一日一夜受持八戒。若有衆生少於善根於善根中心生愛樂我當令其於未來世在佛法中出家學道安止令住梵淨十戒若有衆生希望求於諸善根法我當安止善根法中令得成就梵行具足大戒如是等衆生作五逆罪乃至慳吝爲是衆生以種種門示現神足說諸句義開示陰界諸入苦空無常無我令住善妙安隱寂滅無畏涅槃爲如是四衆比丘比丘尼優婆塞優婆夷說法若有衆生求聞論議我當爲說正法諸論乃至有求解脫之者我當爲說空無之論若有衆生其心不樂於正善法我當爲說營佐衆事若有衆生於正善法其心愛樂

我當爲說空三昧定宗正解脫世尊我爲如是一一衆生要當過於百千由旬不以神足而以開示無量無邊種種方便爲解句義示現神足乃至涅槃心不生厭世尊我以三昧力故捨第五分所得壽命而般涅槃我於是時自分其身如半葶藶子爲憐愍衆生故求般涅槃般涅槃後所有正法住世千歲像法住世滿五百歲我涅槃後若有衆生以珍寶技樂供養舍利乃至禮拜右繞一帀合掌稱歎一莖華散以是因緣隨其志願於三乘中各不退轉世尊我般涅槃後若有衆生於我法中乃至一戒如我所說能堅持

之乃至讀誦一四句偈爲他人說令彼聽者心生歡喜供養法師乃至一華一禮以是因緣隨其志願於三乘中各不退轉乃至法炬滅法幢倒正法滅已我之舍利尋沒於地至金剛際爾時娑婆世界空無珍寶我之舍利變爲意相瑠璃寶珠其明炎盛從金剛際出於世間上至阿迦尼吒天雨種種華曼陀羅華摩訶曼陀羅華波利質多華曼殊沙華摩訶曼殊沙華有淨光明大如車輪百葉千葉或百千葉其光徧照亦有好香微妙常敷觀者無厭其明炎盛不可稱計微妙之香無量無邊純雨如是無量諸華當其雨

時。復出種種微妙音聲。佛聲。法聲。比丘僧聲。三歸依聲。優婆塞戒聲。成就八戒聲。出家十戒聲。布施聲。持戒聲。清淨梵行具大戒聲。佐助衆事聲。讀經聲。禪思惟聲。觀不淨聲。念出入息聲。非想非非想聲。有想無想聲。識處聲。空處聲。八勝處聲。十一切入聲。定慧聲。空聲。無相聲。無作聲。十二緣聲。具足聲聞藏聲。學緣覺聲。具足大乘六波羅蜜聲。於其華中出如是等聲。色界諸天皆悉聞之。本昔所作諸善根本。各自憶念。所有不善。尋自悔責。卽便來下娑婆世界。教化世間無量衆生。悉令得住於十善中。欲界諸天亦得聞受。

所有愛結貪喜五欲諸心數法悉得寂靜。本昔所作諸善根本各自憶念。所有不善尋自悔責。即便來下娑婆世界。教化世間無量衆生。悉令得住於十善中。世尊。如是諸華於虛空中。復當化作種種珍寶。金銀摩尼。眞珠瑠璃。珂貝璧玉。眞寶僞寶。碼碯珊瑚天冠寶飾。如雨而下。一切徧滿娑婆世界。爾時人民其心和悅無諸鬬諍。飢餓疾病。他方怨賊。惡口諸毒。一切消滅。皆得寂靜。爾時世界有如是樂。若有衆生見諸珍寶。若觸若用。於三乘中無有退轉。是諸珍寶作是利益。作利益已還沒於地。至本住處金剛地際。世尊。

娑婆世界兵劫起時我身舍利復當化作紺瑠璃珠從地而出上至阿迦尼吒天雨種種華曼陀羅華摩訶曼陀羅華波利質多華乃至還沒於地至本住處金剛地際亦復如是世尊如刀兵劫飢餓疾疫亦復如是世尊如是大賢劫中我般涅槃後是諸舍利作如是佛事調伏無量無邊衆生於三乘中得不退轉如是當於如五佛世界微塵數等大劫之中調伏無量無邊衆生令於三乘得不退轉世尊若後滿千恆河沙等阿僧祇劫於十方無量無邊阿僧祇餘世界成佛出世者悉是我修阿耨多羅三藐三菩提時所

可教化。初發阿耨多羅三藐三菩提心。安止令住六波羅蜜者。世尊。我成阿耨多羅三藐三菩提已。所可勸化。令發阿耨多羅三藐三菩提心。安止令住六波羅蜜。及涅槃後舍利變化所化衆生。令發阿耨多羅三藐三菩提心者。是諸衆生過千恆河沙等阿僧祇劫。於十方無量無邊阿僧祇世界成佛出世。皆當稱我名字而說讚歎。過去久遠有劫名賢。初入劫時。第四世尊名曰某甲。彼佛世尊勸化我等初發阿耨多羅三藐三菩提心。我等爾時燒滅善心。集不善根。作五逆罪乃至邪見。彼佛爾時勸化我等。令得安住六波羅蜜。因是卽得解了一切陀羅尼門。轉正法輪。離生死縛。令無量無邊百千衆生安住勝果。復令無量百千衆生安止天人。乃至解脫果。若有衆生求菩提道。聞讚歎我已。各問於佛。彼佛世尊見何義利。於重五濁惡世之中。成阿耨多羅三藐三菩提。是諸世尊。卽便向是求菩提道善男子善女人。說我往昔所成大悲。初發阿耨多羅三藐三菩提心。莊嚴世界。及妙善願本起因緣。是人聞已。其心驚愕。歎未曾有。尋發妙願。於諸衆生生大悲心。如我無異。作是願言。其有如是重五濁世。其中衆生作五逆罪。乃至成就諸不善根。我當於中而調伏之。彼諸世尊以是諸人成就大悲。於五濁世發諸善願。隨其所求而與授記。世尊。彼佛世尊復爲修學大乘諸人。說我舍利所作變化本起因緣。過去久遠有佛世尊號字某甲。般涅槃後。刀兵疾病飢餓劫起。我等爾時於其劫中受諸苦惱。是佛舍利爲我等故。作種種神足師子遊戲。是故我等卽得發阿耨多羅三藐三菩提心。種諸善根精勤修習於六波羅蜜。如上廣說。佛告寂意菩薩。善男子。爾時寶海梵志在寶藏佛所。諸天大衆人非人前。尋得成就大悲之心。廣大無量。作五百誓願。已復白佛

言。世尊。若我所願不成。不得已利者。我則不於未來
賢劫。重五濁惡。互相鬬諍。末世盲癡。無所師諮。無有
教誡。墮於諸見。大黑暗中。作五逆惡。如上說中。成就
所願。作於佛事。我今則捨菩提之心。亦不願於他方
佛土植諸善根。世尊。我今如是專心。不以是善根成
阿耨多羅三藐三菩提。亦不願求辟支佛乘。亦復不
願作聲聞乘。天王人王。貪樂五欲生天人中。不求乾
闥婆阿脩羅迦樓羅緊那羅摩睺羅伽夜叉羅剎諸
龍王等。以是善根。不求如是諸處。世尊。若得大富。以
施爲因。若得生天。以戒爲因。若得大智。以廣學爲因。

若斷煩惱。以思惟為因。如佛言曰。如是等事。皆是已
利功德之人。則能隨其所求皆悉得之。世尊。若我善
根成就得已利者。我之所有布施持戒多聞思惟。悉
當成就。以是果報。皆為地獄一切衆生。若有衆生墮
阿鼻地獄。以是善根當拔濟之。令生人中。聞佛說法。
即得開解。成阿羅漢。速入涅槃。是諸衆生若業報未
盡。我當捨壽入阿鼻獄。代受苦惱。願令我身數如一
佛世界微塵。一一身如須彌山等。是一一身覺諸苦
樂。如我今身所覺苦樂。一一身受。如一佛世界微塵
數等種種重惡苦惱之報。如今一佛世界微塵數等。

十方諸佛世界所有衆生作五逆惡起不善業乃至
出墮阿鼻地獄若後過如一佛世界微塵等大劫十
方諸佛世界微塵數等所有衆生作五逆惡起不善
業當墮阿鼻地獄者我當爲是一切衆生於阿鼻地
獄代受諸苦令不墮地獄值遇諸佛諮受妙法出於
生死入涅槃城我今要當代是衆生久處阿鼻地
獄復次如一佛世界微塵數等十方世界所有衆生
惡業成就當必定受果墮火炙地獄如阿鼻地獄所
說炙地獄摩訶獹獿地獄獹獿地獄逼迫地獄黑繩
地獄想地獄及種種畜生餓鬼貧窮夜叉拘槃茶毗

舍遮阿脩羅迦樓羅等。皆亦如是。世尊。若有如一佛世界微塵數等十方世界。所有衆生成就惡業。必當受報。生於人中聾盲瘖瘂。無手無腳。心亂失念。食噉不淨。我亦當代。如是衆生受於諸罪。如上所說。復次若有衆生墮阿鼻地獄。受諸苦惱。我當久久代是衆生受於苦惱。如生死衆生所受陰界諸入。畜生餓鬼貧窮夜叉拘辦茶毗舍遮阿脩羅迦樓羅等。皆亦如是。世尊。若我所願成就逮得已利。成阿耨多羅三藐三菩提。如上所願者。十方無量無邊阿僧祇世界。在在處處現在諸佛爲衆生說法。悉當爲我作證。亦是諸佛之所知見世尊。唯願今者。與我阿耨多羅三藐三菩提記。於賢劫中人壽百二十歲時。成佛出世。如來應供正徧知乃至天人師佛世尊。世尊若我必能成就如是佛事。如我之所願者。今此大衆及諸天龍阿脩羅等。若處地上虛空。唯除如來。其餘一切皆當涕泣。悉於我前頭面作禮讚言。善哉善哉大悲成就無能及也。得念甚深。爲諸衆生生是深悲。發堅固誓願。汝今所作不由他教。以專心大悲覆護一切。攝取五逆諸不善人。汝之善願。我今悉知。汝初發阿耨多羅三藐三菩提心時。已爲衆生作大良藥。爲作歸依

擁護舍宅。為令眾生得解脫故。作是誓願。汝今所願
得已利者。如來當為汝授阿耨多羅三藐三菩提記。
說是語已。時轉輪聖王無量清淨。尋從座起。悲泣淚
出。叉手合掌。向是梵志頭面敬禮。而說偈言。

汝今所願　堅固甚深　放捨已樂
為諸眾生　起大悲心　為我等現
諸法真實　勝妙之相

爾時觀世音菩薩。說偈讚言。

眾生多所著　汝今無所著　於上下諸根
久已得自在　故能隨眾生　根願具足與

未來世當得　陀羅尼智藏

爾時得大勢菩薩說偈讚言。

無量億眾生　為善故集聚　見知汝大悲

一切皆啼泣　所作諸苦行　昔來未曾有

爾時文殊師利菩薩復說偈讚言。

精進三昧　甚堅牢固　勝妙智慧

善能分別　若以香華　供養汝者

汝於今日　則能堪受

爾時虛空印菩薩復說偈讚言。

汝為眾生　成就大悲　捨財布施

於濁惡世　嚴持諸相　微妙第一
爲諸天人　作調御師
爾時金剛智慧光明菩薩復說偈讚言。
汝今大悲心　廣大如虛空　欲爲衆生親
故現行菩提
爾時虛空日菩薩復說偈讚言。
汝所成就　大悲功德　勝妙智慧
善別法相　除佛世尊　餘無能及
爾時師子香菩薩復說偈讚言。
汝於來世　於賢劫中　多煩惱處

得大名稱　復令無量　諸衆生等
斷除苦惱　得妙解脫
爾時普賢菩薩復說偈讚言。
一切衆生　勤心修習　生死飢餓
涉邪見山　互相食噉　無有善心
汝以大悲　故能攝取
爾時阿閦菩薩復說偈讚言。
燒滅善心　專作逆惡　墮大無明
黑暗之中　無由得出　煩惱淤泥
汝已攝取　如是衆生

爾時香手菩薩復說偈讚言

汝今審見　未來之世　多諸恐怖
如觀鏡像　其中衆生　毀壞正法
皆悉燒滅　一切善心

爾時寶相菩薩復說偈讚言。

汝今純以　智慧持戒　三昧慈悲
莊嚴其心　故能攝取　燒滅善法
誹謗聖人　如是衆生

爾時離恐怖莊嚴菩薩復說偈讚言。

汝今所修　無量苦行　皆爲攝取

當來衆生　燒滅善心　依邪見者

爾時華手菩薩復說偈讚言。

汝今大悲　智慧精進　於此大衆

無能及者　是故攝取　邪見諸心

爲老病死　之所逼者

爾時智稱菩薩復說偈讚言。

無量衆生　多諸病苦　常爲煩惱

惡風所吹　汝今能以　大智慧水

消滅諸魔　破其力勢

爾時地印菩薩復說偈讚言。

汝今已有　堅固精進　能盡煩惱

而得解脫　我等志薄　不能及是

爾時月華菩薩復說偈讚言。

堅固修習　精進用意　依止功德

生憐愍心　是故來世　能爲衆生

斷於三世　三有結縛

爾時無垢月菩薩復說偈讚言。

菩薩所行道　大悲爲最上　所說悲相立

是故我稽首

爾時持力菩薩復說偈讚言。

五濁惡世　多煩惱病　汝依菩提
發堅固願　爲諸衆生　斷煩惱根

爾時大鬘菩薩復說偈讚言。

汝之智慧　猶如寶藏　所發誓願
清淨無垢　所可修行　無上菩提
但爲衆生　作大醫王

爾時現力菩薩悲泣涕淚。在梵志前頭面作禮。合掌叉手說偈讚曰。

汝今以此　大智慧炬　爲諸衆生
斷煩惱病　亦爲貧窮　空乏衆生

斷除一切　無量諸苦

善男子。爾時一切大衆天龍鬼神乾闥婆人及非人。在梵志前頭面作禮。禮已起立。合掌恭敬。以種種讚法而讚歎之。佛告寂意菩薩。善男子。爾時寶海梵志。於如來前右膝著地。是時大地六種震動。一切十方如一佛世界微塵數等諸佛世界亦六種震動有大光明徧照世間。雨種種華。曼陀羅華。摩訶曼陀羅華。波利質多華。曼殊沙華。摩訶曼殊沙華。乃至有無量光明徧照十方。如一佛世界微塵等。若淨不淨諸世界中。在在處處現在諸佛。爲諸衆生說於正法。是諸

佛所。各有菩薩坐而聽法。是諸菩薩見此大地六種
震動放大光明雨種種華。見是事已。前白佛言。世尊。
何因緣故。而此大地六種震動有大光明雨種種華。
爾時東方去此一恆河沙等。有佛世界名選擇珍寶。
是中有佛號寶月如來應供正徧知明行足善逝世
間解無上士。調御丈夫。天人師。佛世尊。今現在與無
量無邊阿僧祇等諸大菩薩恭敬圍繞說大乘法。有
二菩薩。一名寶相。二名月相。向寶月佛合掌恭敬而
白佛言。世尊。何因緣故。地六種動有大光明雨種種
華。爾時彼佛告二菩薩。善男子。西方去此如一恆河

沙等。彼有世界名删提嵐有佛世尊號曰寶藏如來
乃至佛世尊。今現在與無量無邊諸菩薩等授阿耨
多羅三藐三菩提記。說諸國土。開示諸佛所有世界
莊嚴善願三昧境界陀羅尼門。如是等經彼大會中
有一大悲菩薩摩訶薩。作如是願。我今當以大悲熏
心受阿耨多羅三藐三菩提記。爲諸菩薩摩訶薩故
示現善願。是以先令無量無邊諸菩薩等發大誓願
取於種種莊嚴世界。調伏衆生。是菩薩所成大悲於
諸大衆無能及者。於五濁世調伏弊惡多煩惱者。攝
取一切五逆之人。乃至集聚諸不善根燒滅善心。彼

諸大衆天龍鬼神人及非人。不供養佛。悉共供養最後成就大悲菩薩。頭面禮已起立恭敬。合掌說偈讚歎。是時大悲菩薩在於佛前右膝著地。聽佛受記。彼佛世尊卽便微笑。以是因緣。令此十方如一佛刹微塵數等諸世界地六種震動。放大光明雨種種華。醒悟一切諸菩薩等。亦復示現諸菩薩道。彼佛世尊悉令十方如一佛刹微塵數等諸菩薩皆共集會。爲如是等諸大菩薩。說諸三昧陀羅尼門無畏法門。是故彼佛示現如是種種變化。善男子。時一一菩薩聞是事已。卽白佛言。世尊。是大悲菩薩發心以來。爲經幾時。

行菩薩道復齊幾時。何時當於五濁惡世調伏攝取
厚重煩惱。互共鬬諍。多作五逆。成就一切諸不善根。
燒滅善心。如是衆生。爾時彼佛告二菩薩。善男子。是
大悲菩薩。今日初發阿耨多羅三藐三菩提心。善男
子。汝今可往見寶藏佛。恭敬供養。禮拜圍繞。聽說三
昧陀羅尼門無畏法門如是等經。并見大悲菩薩摩
訶薩。汝以我聲作如是言。寶月如來致意問訊。以此
月光淨華作信與汝。又讚汝言。善哉善哉。善男子。汝
初發心已能成就如是大悲。汝今已有無量名稱。徧
滿十方如一佛刹微塵數等諸佛世界。皆言大悲菩

薩始初發心已能成就如是大悲是故善男子我今讚汝善哉善哉復次善男子汝爲當來諸菩薩等成就大悲故說是大悲不斷善願豎立法幢是故復讚善哉善哉復次善男子汝之名稱未來世住當如一佛刹微塵數等阿僧祇劫教百千億無量無邊阿僧祇衆生安止令住阿耨多羅三藐三菩提至於佛所得不退轉或發善願或取淨土攝取衆生隨而調伏復令未來得受阿耨多羅三藐三菩提記如是衆生於未來世過如一佛刹微塵數劫當於十方如一佛刹微塵數等諸佛世界成阿耨多羅三藐三菩提轉

正法輪復當讚歎大悲菩薩是故以此三讚歎法讚
歎於汝善哉善哉善男子爾時彼土有九十二億諸
菩薩摩訶薩異口同聲作如是言世尊我等欲往刪
提嵐界見寶藏佛禮拜供養恭敬圍繞聽諸三昧陀
羅尼門無畏法門如是等經幷欲見於大悲菩薩爾
時彼佛以此三讚歎法及月光淨華與二菩薩而告
之曰宜知是時爾時寶相菩薩月相菩薩於彼佛所
取月光淨華幷與九十二億菩薩摩訶薩發彼世界
如電光發沒彼卽到刪提嵐剎閻浮園中寶藏佛所
到佛所已頭面禮足以諸菩薩所得種種師子遊戲

供養佛已見寶海梵志爲此大衆所共恭敬合掌讚歎見是事已卽便思惟今此大士或當卽是大悲菩薩是故能令寶月如來送此寶華是二菩薩尋於佛前旋向梵志卽以華與作如是言寶月如來以此妙華與汝爲信并三讚法如上所說如是東方無量無邊阿僧祇諸佛世界亦遣無量菩薩摩訶薩至刪提嵐界皆以月光淨華三讚歎法餘如上說善男子爾時南方去此七萬七千百千億佛世界有佛世界名寶樓師子吼有佛號師子吼相尊王如來應供正徧知明行足善逝世間解無上士調御丈夫天人師佛

世尊。今現在為諸菩薩說大乘法。有二菩薩摩訶薩。一名金剛智相。二名師子金剛相。是二菩薩白佛言。世尊。何因緣故。地六種動。有大光明。雨種種華。皆如東方諸菩薩比。復次南方無量無邊諸佛。遣無量菩薩至刪提嵐界。亦如是。爾時西方去此八萬九千百千億世界。有世界名安樂。有佛號攝諸根淨目如來。今現在為四部眾說三乘法。有二菩薩。一名賢日光明。二名師子吼身。是二菩薩白佛言。世尊。何因緣故。地六種動。有大光明。雨種種華。餘如上說。如是西方無量世界。亦復如是。爾時北方過九萬百千億世界。

彼有世界名勝眞實。有佛號世間尊王如來。今現在爲諸菩薩說大乘法。有二菩薩。一名不動住。二名得智慧世間尊王。是二菩薩白佛言。世尊。何因緣故。地六種動。餘如上說。北方無量世界亦如是。爾時下方過九萬八千百千億那由他。有世界名離暗霧。有佛號離恐怖圍繞音。今現在爲四部衆說三乘法。有二菩薩。一名日尊。二名虛空日。是二菩薩白佛言。世尊。何因緣故。地六種動。餘如上說。下方世界亦復如是

悲華經卷第七

音釋

掣吕列切　沫莫割切水沫也　葶藶葶特丁切藶郎擊切葶藶藥草名　愕五各切驚遽也

獹獿獹落胡切犬也獿莫半切狼屬　淤依倨切濁泥也

悲華經卷第八

北涼天竺三藏法師曇無讖譯

諸菩薩本受記品第四之六

爾時上方過二十萬百千世界。有世界名妙華。是中有佛。號華敷日王如來。今現在為四部眾說三乘法。有二菩薩。一名選擇自法攝取國土。二名陀羅尼妙音。是二菩薩俱白佛言。世尊。何因緣故。而此大地六種震動。有大光明。雨種種華。爾時彼佛告二菩薩。善男子。下方過二十萬百千世界。有世界名刪提嵐。有佛世尊。號曰寶藏如來。乃至佛世尊。今現在與無量無邊諸菩薩等。授阿耨多羅三藐三菩提記。說諸國土。開示諸佛所有世界。莊嚴善願三昧境界陀羅尼門如是等經。彼大會中有一大悲菩薩摩訶薩作如是願。我今當以大悲熏心。受阿耨多羅三藐三菩提記。為諸菩薩摩訶薩故。示現善願。是以先令無量無邊諸菩薩等發大誓願。取於種種莊嚴世界。調伏衆生。是菩薩所成大悲。於諸大衆無能及者。於五濁世。調伏弊惡多煩惱者。攝取一切五逆之人。乃至集聚諸不善根燒滅善心。彼諸大衆天龍鬼神人及非人。不供養佛。悉共供養最後成就大悲菩薩。頭面作禮。

禮已起立。恭敬合掌。說偈讚歎。是大悲菩薩在於佛前右膝著地。聽佛受記。彼佛世尊即便微笑。以是因緣。令此十方如一佛剎微塵等世界地六種動。放大光明。雨種種華。醒悟一切諸菩薩等。亦復示現諸菩薩道。彼佛世尊悉令十方如一佛剎微塵數等諸菩薩衆皆共集會。爲如是等諸大菩薩說諸三昧陀羅尼門無畏法門。是故彼佛示現如是種種變化。善男子。時二菩薩聞是事已。即白佛言。世尊。是大悲菩薩發心已來爲經幾時。行菩薩道復齊幾時。何時當於五濁惡世調伏攝取厚重煩惱互共鬪諍多作五逆成就一切諸不善根。燒滅善心。如是衆生。爾時彼佛告二菩薩。善男子。是大悲菩薩。今日初發阿耨多羅三藐三菩提心。善男子。汝今可往見寶藏佛。供養恭敬。禮拜圍繞。聽說三昧陀羅尼門無畏法門。如是等經。并見大悲菩薩摩訶薩。汝以我聲作如是言。華敷日王佛致意問訊。以此月光淨華作信與汝。又讚汝言。善哉善哉善男子。汝初發心。已能成就如是大悲。汝今已有無量名稱。徧滿十方如一佛剎微塵數等諸佛世界。皆言大悲菩薩始初發心。已能成就如是大悲。是故善男子。我今讚汝。善哉善哉。復次善男子。

汝爲當來諸菩薩等成就大悲故說是大悲不斷善願豎立法幢是故復讚言善哉善哉復次善男子汝之名稱未來世住當如一佛剎微塵數等阿僧祇劫敎百千億無量無邊阿僧祇衆生安止令住阿耨多羅三藐三菩提至於佛所得不退轉或發善願或取淨土攝取衆生隨而調伏復令未來得受阿耨多羅三藐三菩提記如是衆生於未來世過如一佛剎微塵數等劫當於十方如一佛剎微塵數等諸世界中得成阿耨多羅三藐三菩提轉正法輪復當讚汝是故以此三讚歎法讚歎於汝善哉善哉善男子爾時

彼土有無量億菩薩。異口同聲作如是言。世尊。我等
欲往刪提嵐界。見寶藏佛。禮拜供養。恭敬圍繞。聽諸
三昧陀羅尼門無畏法門。并欲見於大悲菩薩。爾時
彼佛以此三讚歎法及月光淨華。與二菩薩而告之
曰。宜知是時。時二菩薩於彼佛所取此寶華。并與無
量億菩薩衆。如一念頃沒彼世界。忽然來到刪提嵐
界閻浮園中、見寶藏佛。頭面作禮。爾時、世界諸大菩
薩修習大乘。及學緣覺聲聞乘者。天龍鬼神摩睺羅
伽。如是等類。其數無量不可稱計。譬如甘蔗竹葦稻
麻叢林。徧滿其國。以諸菩薩所得種種師子遊戲供

養於佛。供養佛已。見寶海梵志爲此大衆所共恭敬
合掌讚歎。見是事已。卽便思惟。今此大士。或當卽是
大悲菩薩。是故能令華敷日王如來送此寶華。是二
菩薩復於佛前旋向梵志。卽以華與。作如是言華敷
日王如來。以此妙華與汝爲信。幷三讚法如上所說
善男子。爾時所雨種種諸華。亦到無佛世界。復出種
種妙善音聲。其聲徧滿。所謂佛聲。法聲。比丘僧聲。滅
盡聲。無所有聲。諸波羅蜜聲。力無所畏聲。六神通聲。
無所作聲。無生滅聲。寂靜聲。大慈聲。大悲聲。無生忍
聲。受記聲。說大乘聲。彼有菩薩以本願故有大神力。

修習深法而得自在為衆生故往彼世界聞是聲已以佛力故以願力故以三昧力於彼世界乘神通力如大力士屈伸臂頃至刪提嵐界閻浮園中寶藏佛所頭面禮足以諸菩薩所得種種師子遊戲供養於佛及諸大衆次第而坐聽受妙法善男子爾時寶海梵志取此月光淨華供養寶藏如來已白佛言世尊唯願如來與我授阿耨多羅三藐三菩提記善男子爾時寶藏如來即入三昧其三昧名電燈以三昧力故令刪提嵐界一切山樹草木土地變為七寶令諸大衆悉得自見皆於佛前聽受妙法隨所思惟或自

見身青色黃色白色紫色赤色黑色或見似風或見似火或見似空復見似熱時之炎或見似水或似水沫或似大山或似梵天或似帝釋或見似華或似迦樓羅或見似龍或似師子或似日月或似星宿或見似象或似野狐在佛前坐聽受妙法時隨所思惟各自見身如是相貌善男子如是衆生隨所思惟復見自身同寶藏佛身等無差別是諸大衆在於佛前尋見梵志坐於千葉七寶蓮華一切大衆處地虛空若坐若立一一衆生各各自見寶藏如來獨坐其前獨爲說法唯我獨見善男子爾時寶藏如來讚寶海梵

志言善哉善哉大悲淨行汝爲無量無邊衆生起此
大悲能大利益於世間中作大光明梵志譬如成就
華田有種種色種種香種種觸種種葉種種莖種種
根種種功德諸藥所須皆悉成就或有蓮華滿百千
由旬光明妙香亦與華等或有縱廣一百或有縱廣
二百或有縱廣三百由旬光明妙香亦與華等有華
乃至如一天下光明妙香亦等無差別衆生之類或
有盲者聞此華香卽得見色聾者聞聲乃至一切諸
根不具卽得具足若有衆生四百四病或動發時聞
此華香病卽除愈若有顚狂放逸狂癡睡眠心亂失

念。聞此華香皆得一心。是華田中亦生芬陀利華。其
華堅牢猶如金剛。瑠璃為莖。臺有百子。純金為葉。碼
碯為茸。赤真珠為鬚。華高八十四億由旬。周帀縱廣
十萬由旬。是華所有色香觸等徧滿十方。如一佛剎
微塵數諸佛世界。其中眾生或有四大不調適者。疾
病困篤。諸根羸損。顛狂放逸。狂癡睡眠。心亂失念。見
華光明及聞其香。一切所患各各除愈。皆得一心。若
彼眾生適命終已。及身未壞。光明來觸。香氣來熏。尋
得命根。還起如本。與諸親屬共遊園觀。以五所欲共
相娛樂。若必命終。不生餘處。生於梵天。在彼久住。壽

命無量梵志是蓮華田者卽是此會之大衆也譬如日出衆華開敷如佛日出增益長養妙香光明爲諸衆生斷除諸苦善男子我今如日出現於世令諸衆生善根華敷有微妙香光明徧照能除衆生種種諸病卽是如來出現於世以大悲光明徧覆一切令諸衆生善根開敷增益安住於三福處汝善男子所化無量無邊阿僧祇衆生令住阿耨多羅三藐三菩提至我所者是諸衆生各各自發種種善願取佛世界或淨不淨我已隨其所願授記善男子若有菩薩在於我前願取淨土以淸淨心善自調伏種諸善根攝

取衆生者。雖謂菩薩。猶非猛健大丈夫也。非是菩薩深重大悲。爲衆生故求阿耨多羅三藐三菩提若有取於淨佛土者。卽是菩薩捨離大悲。又復不願離二乘者。如是菩薩無巧便慧善平等心。若有菩薩作是誓願。令我世界遠離聲聞辟支佛乘。滅不善根。無諸女人及三惡道。成阿耨多羅三藐三菩提已。純以菩薩摩訶薩等爲大眷屬。純說無上大乘之法壽命無量久住於世。經無數劫。純爲善心調伏白淨成善根者說微妙法。如是之人。雖謂菩薩非大士也。何以故。以無巧便平等智故。善男子。爾時寶藏如來伸金色臂。其五指頭放大光明。其光明有種種無量百千諸色。徧照西方過無量無邊阿僧祇世界。有世界名曰大指。彼土人民壽三十歲。面色醜陋形貌可惡成就一切諸不善根。身長六尺。彼中有佛號大光明如來。應供。正徧知。明行足。善逝。世間解。無上士。調御丈夫。天人師。佛。世尊。今現在爲四部衆說三乘法。善男子。爾時大衆悉得遙見彼佛世尊及諸大衆。時寶藏佛告諸大衆。彼大光明佛。於過去無量無邊阿僧祇劫。寶蓋光明佛所。初發阿耨多羅三藐三菩提心。爾時亦勸無量無邊億那由他衆生。安止住於無上道中。

隨心所願取於種種莊嚴世界或淨不淨取五濁惡世是大光明佛亦勸我發心安止住於阿耨多羅三藐三菩提爾時我於寶蓋光明佛所勸發莊嚴願於此五濁惡世成阿耨多羅三藐三菩提爾時彼佛讚我善哉善哉即便授阿耨多羅三藐三菩提記我於爾時有是善知識故勸我阿耨多羅三藐三菩提彼善知識勝妙丈夫取此重惡五濁之世多諸煩惱不淨國土所有衆生行於惡逆乃至成就諸不善根燒滅善心宛轉生死空曠澤中所願調伏如是衆生爾時是善丈夫十方無量無邊諸佛世界所有諸佛各

各遣使至是人所稱揚讚歎即爲作號名爲大悲日
月光明彼大悲日月光明即是我之善知識也作大
利益於大指世界成佛未久爲此短命諸惡人等轉
正法輪彼佛初成阿耨多羅三藐三菩提時十方無
量無邊諸佛各各遣使至彼佛所爲供養恭敬尊重
讚歎故是諸世尊皆是往昔大光明佛之所勸化初
令安住檀波羅蜜乃至般若波羅蜜是諸世尊以知
恩故遣諸菩薩致是供養梵志汝今見不是諸世尊
各各處於清淨世界壽命無量純爲善心調伏白淨
成善根者作於佛事是大光明佛處斯穢惡不淨世

界五濁惡世。成阿耨多羅三藐三菩提。所有衆生多作逆罪。乃至成就諸不善根。壽命短促。能於是中增益長養無量佛事。不捨聲聞辟支佛乘。爲諸衆生說三乘法。汝是善丈夫。一切大衆所不及也。所作勝妙甚難誓願。取不淨土。五濁惡世人多作逆。乃至成就諸不善根。調伏攝取如是衆生。善男子。若有菩薩取淸淨佛世界。離三惡道及聲聞緣覺。攝取調伏善心白淨成就善根。如是衆生。是名菩薩。譬如餘華也。非謂大菩薩如芬陀利華。以於善心調伏衆中。種諸善根作佛事故。梵志今聽。菩薩四法懈怠。何等四。一者願取清淨世界。二者願於善心調伏白淨衆中施作佛事。三者願成佛已不說聲聞辟支佛法。四者願成佛已壽命無量。是名菩薩四法懈怠。是謂菩薩譬喩如華。非謂菩薩如芬陀利。梵志。於此大衆唯除一人婆由毗紐取不淨世界調伏攝護多煩惱者。於賢劫中。或有菩薩取不淨土。梵志。菩薩有四法精進。何等四。一者願取不淨世界。二者於不淨人中施作佛事。三者成佛已三乘說法。四者成佛已得中壽命不長不短。是名菩薩四法精進。是謂菩薩如芬陀利。非如餘華。是名菩薩摩訶薩。梵志汝今於此無量無邊阿僧祇菩薩大衆華田之中。發願受記。汝於佛前已生大悲芬陀利故。攝取多逆成就一切諸不善根五濁惡世。而於是中隨調伏之。汝以大悲音聲故。能令十方如一佛刹微塵等諸佛世尊遣信稱讚。稱讚已。號汝爲成就大悲。復令此大衆供養於汝。又汝大悲於未來世過一恆河沙等阿僧祇劫。入第二恆河沙等阿僧祇劫後分。娑婆世界賢劫中。人壽百二十歲。爲老病死之所纏縛。黑暗世中無所師諮。聚集一切諸不善根。行於邪道。入煩惱河。專作五逆。毀壞正法。誹謗聖人。犯四重禁。餘如上說。於如是等煩惱亂世。當成爲佛如來應供正徧知明行足善逝世間解無上士調御丈夫天人師佛世尊離生死輪轉正法輪破壞四魔爾時有大名聲十方徧滿無量無邊諸佛世界有聲聞大衆千二百五十次第於四十五歲中成就如是無量佛事如汝所願具足無缺是無量淨王成佛時壽命無量雖於無量無邊劫中亦能成就如是佛事等無差別汝善丈夫般涅槃後正法住世滿一千歲正法滅已汝諸舍利如汝所願作於佛事久久在世利益衆生如上所說善男子爾時會中有一梵志名相具足作是言善大丈夫若於來世無量無

邊阿僧祇劫為菩薩時。在在生處。我當為汝常作侍
使。恆以慈心奉給所須。至一生時。復當作父。汝成佛
已。作大檀越。亦當授我無上道記。時有海神名曰調
意。復作是言。善大丈夫。從今已往在在之處。乃至一
生。願我常當為汝作母。汝成佛已。亦當授我無上道
記。時有水神復作是言。從今已往所在之處。乃至一
生。願我常當作汝乳母。汝成佛已。亦當授我無上道
記。有二帝釋。一名善念。二名寶念。復作是言。善大丈
夫。汝成佛已。我等當作智慧神足聲聞弟子。復有帝
釋名善見足。作如是言。大悲。從今已往在在之處。乃

至一生。常爲汝子。有須彌山神名善樂華。復作是言。大悲。汝乃至一生。常爲汝婦。成佛道已。亦當授我無上道記。復有阿脩羅王名曾臆行。復作是言。大悲。於無量無邊阿僧祇劫爲菩薩時。乃至一生。於其中間。我當爲汝僮僕給使。奉諸所安。汝成阿耨多羅三藐三菩提已。轉正法輪。我初解法。得於實果。服甘露味。乃至得斷一切煩惱。成阿羅漢。爾時復有一恆河沙等天龍鬼神阿脩羅迦樓羅人非人等。向大悲菩薩作是誓願。善大丈夫。要當調伏敎化我等。爾時有一裸形梵志名亂想可畏。復作是言。善大丈夫。汝於無量無邊阿僧祇劫行菩薩道時。我當從汝求索所須。常至汝所。乞求衣服牀榻臥具房舍屋宅象馬車乘。國城妻子。頭目髓腦。皮肉手脚。耳鼻舌身。善大丈夫。我當爲汝作佐助因。令汝滿足檀波羅蜜。乃至般若波羅蜜。大悲梵志如是等行菩薩道時。我當勸汝令得具足六波羅蜜。汝成佛已。願作弟子。當從汝聞八萬法聚。聞已卽能辯說法相。說法相已。汝當授我無上道記。善男子。爾時梵志聞是事已。卽禮佛足。便告裸形梵志言。善哉善哉。汝眞是我無上道伴。汝於無量無邊百千萬億阿僧祇劫。常至我所乞索所須。所謂衣服乃至舌身。我於爾時以淸淨心。捨諸所有布施於汝。汝於是時亦無罪分。善男子。爾時大悲菩薩摩訶薩復作是言。世尊。我於無量無邊百千萬億阿僧祇劫。在在生處爲菩薩時。有諸乞士在我前住。若求飲食。或以輭語。或以惡言。或輕毀呰。或眞實言。世尊。我於爾時乃至不生一念惡心。若生瞋恚如彈指頃。以施因緣求將來報者。我卽欺誑十方世界無量無邊阿僧祇現在諸佛。於未來世亦當必定不成阿耨多羅三藐三菩提。世尊。我今當以歡喜之心施於乞者。願令受者無諸損益。於諸善根亦無留難。乃至一毫。若我令彼受者有一毫損益善根留難者。則爲欺誑十方世界無量無邊阿僧祇等現在諸佛。若誑諸佛者。則當必墮阿鼻地獄。不能歡喜施與衣服飲食。若彼乞者。或以輭語。或麤惡言。或輕毀呰。或眞實言。求索如是頭目髓腦。世尊。若我是時心不歡喜。乃至生於一念瞋恚。以此施緣求果報者。則爲欺誑十方世界無量無邊現在諸佛。以是因緣必定墮於阿鼻地獄。如檀波羅蜜說。乃至般若波羅蜜亦如是。善男子。爾時寶藏如來卽便讚歎寶海梵志。善哉善哉。善能安止大悲心故。作是誓願。善男子。爾時一切大衆諸天龍鬼神人及非人合掌讚言。善哉善哉。善能安止大悲心故。作是誓願。得大名稱。堅固行於六和之法。充足利益一切衆生。善男子。如裸形梵志作誓願時。復有八萬四千人。亦同梵志所發誓願。善男子。爾時大悲菩薩摩訶薩。復共如是八萬四千人同作誓願。心生歡喜。合掌四顧。徧觀大衆作如是言。未曾有也。未來之世正法滅時。多諸煩惱五濁惡世。我於是中放大光明。作調御師。於黑暗世然正法燈。若諸衆生無有救護。無有勢力。無佛示導。我今初發菩提心時。已得如是等無上道伴。是等諸人。願令世世從我受此頭目髓腦皮肉骨血手足耳鼻舌身乃至衣服飲食。善男子。爾時寶海梵志白佛言。世尊。若未來之世無量無邊百千萬億阿僧祇劫。如是衆生來至我所。受我所施頭目髓腦乃至飲食。如一毛分。已我成阿耨多羅三藐三菩提已。若不脫生死不得受記於三乘者。我則欺誑十方世界無量無邊現在諸佛。必定不成阿耨多羅三藐三菩提。善男子。爾時寶藏如來復重讚歎大悲菩薩。善哉善哉善大丈夫。汝能如是行菩薩道。譬如往昔須彌山寶菩薩。在世間光明佛前。初發如是菩提之心。作是誓願。亦行如是菩薩之道。過一恆河沙等阿僧祇劫。東方去此百千億佛世界。彼有世界名光明智熾。人壽百歲。於中成佛。號智華無垢堅菩提尊王如來應供。正徧知明行足。善逝世間解無上士調御丈夫天人師。佛世尊。住世說法四十五年。作於佛事。爾時佛告大悲菩薩。彼佛般涅槃後。正法住世滿一千歲。正法滅已像法住世亦一千歲。大悲。彼佛世尊若在世若涅槃。正法像法。於此中間。有諸比丘及比丘尼。非法毀戒。行於邪道斷法供養。無慚無愧。或斷招提僧物。斷現前僧衣服飲食臥具醫藥。取衆僧物以爲已有。自用與人及與在家者。善男子。如是等人。彼佛世尊。皆與授記於三乘中。大悲。彼如來所。若有出家著袈裟者。皆得受記不退三乘。若有比丘比丘尼優婆塞優婆夷犯四重禁。彼佛於此起世尊想。種諸善根。亦與授記不退三乘。善男子。爾時大悲菩薩摩訶薩復作是言。世尊。我今所願行菩薩道時。若有衆生。我要勸化令安止住檀波羅蜜。乃至般若波羅蜜。乃至勸化令住如一毛端善根。乃至成阿耨多羅三藐三菩提。若不安止乃至一衆生於三乘中令退轉者。則爲欺誑十方世界無量無邊阿僧祇等現在諸佛。必定不成阿耨多羅三藐三菩提。世尊。我成佛已。若有衆生入我法中。出家著袈裟者。或犯重戒。行邪見。若於三寶輕毀不信。集諸重罪比丘比丘尼優婆塞優婆夷。若於一念中生恭敬心。尊重世尊。或於法。僧。世尊。如是衆生乃至一人不於三乘得受記莂而退轉者。則爲欺誑十方世界無量無邊阿僧祇等現在諸佛。必定不成阿耨多羅三藐三菩提。世尊。我成佛已。諸天龍鬼神人及非人。若能於此著袈裟者。恭敬供養尊重讚歎。其人若得見此袈裟少分。卽得不退於三乘中。若有衆生爲飢渴所逼。若貧窮鬼神下賤諸人。乃至餓鬼衆中。

若得袈裟少分乃至四寸。其人即得飲食充足。隨其所願疾得成就。若有衆生共相違反起怨賊想展轉鬪諍。若諸天龍鬼神乾闥婆阿脩羅迦樓羅緊那羅摩睺羅伽拘辦荼毗舍遮人及非人。及共鬪諍時。念此袈裟。尋生悲心。柔輭之心。無怨賊心。寂滅之心。調伏善心。有人若在兵甲鬪訟斷事之中。持此袈裟少分至此輩中。爲自護故。供養恭敬尊重。是諸人等。無能侵毀觸嬈輕弄。常得勝他。過此諸難。世尊。若我袈裟不能成就如是五事聖功德者。則爲欺誑十方世界無量無邊阿僧祇等現在諸佛。未來不應成阿耨多羅三藐三菩提作佛事也。沒失善法。必定不能破壞外道。善男子。爾時寶藏如來伸金色右臂摩大悲菩薩頂。讚言善哉善哉。善大丈夫。汝所言者是大珍寶。是大賢善。汝成阿耨多羅三藐三菩提已是袈裟衣能成就此五聖功德。作大利益。善男子。爾時大悲菩薩摩訶薩聞佛稱讚已。心生歡喜。踊躍無量。因佛伸此金色之臂長指合縵其手柔軟猶如天衣摩其頭已。其身即變狀如童子二十歲人。善男子。彼會大眾諸天龍神乾闥婆人及非人。叉手恭敬向大悲菩薩供養。散種種華。乃至技樂而供養之。復種種讚歎。

種種讚歎已。默然而住。

檀波羅蜜品第五之一

善男子。爾時大悲菩薩頭面敬禮寶藏如來。禮佛足已。在於佛前白言世尊。所言諸三昧門助菩提法清淨門經。齊幾名為諸三昧門助菩提法清淨門經。云何菩薩無畏莊嚴。具足於忍。善男子。爾時彼佛讚大悲菩薩言。善哉善哉。大悲。汝今所問甚奇甚特。即是珍寶。能大利益無量無邊諸菩薩等。何以故。大悲。汝能問佛如是大事。大悲。汝今諦聽諦聽。若有善男子善女人。修行大乘。有首楞嚴三昧。入是三昧。能入一切諸三昧中。有寶印三昧。入是三昧。能印諸三昧。有師子遊戲三昧。入是三昧。於諸三昧能師子遊戲。有善月三昧。入是三昧。能照諸三昧。有月幢相三昧。入是三昧。能持諸三昧幢。有出一切法性三昧。入是三昧。能出一切三昧。有觀印三昧。入是三昧。能觀一切三昧頂。有離法界三昧。入是三昧。能分別諸三昧。有離幢相三昧。入是三昧。能持一切諸三昧幢。有金剛三昧。入是三昧。能令一切三昧不可破壞。有諸法印三昧。入是三昧。能印一切法。有三昧王善住三昧。入是三昧。於諸三昧安住如王。有放光三昧。入是三昧能放光明照諸三昧。有力進三昧。入是三昧。於諸三昧增進自在。有正出三昧。入是三昧。能正出諸三昧。有辯辭三昧。入是三昧。悉解一切無量音聲。有語言三昧。入是三昧。能入一切諸語言中。有觀方三昧。入是三昧。悉能偏觀諸三昧方。有一切法三昧。入是三昧。能破一切法。有持印三昧。入是三昧。持諸三昧印。有入一切法寂靜三昧。入是三昧。令一切三昧入於寂滅。有不失三昧。入是三昧。不忘一切三昧。有一切法不動三昧。入是三昧。令一切三昧不動。有親近一切法海印三昧。入是三昧。攝取親近一切三昧。有一切無我三昧。入是三昧。令諸三昧無有生滅。有偏覆虛空三昧。入是三昧。偏覆一切三昧。有不斷一切法三昧。入是三昧。持諸三昧令不斷絕。有金剛場三昧。入是三昧。能治一切諸三昧場。有一切法一味三昧。入是三昧。能持一切法一味。有離樂愛三昧。入是三昧。能離一切煩惱及助煩惱。有一切法無生三昧。入是三昧。能示一切三昧無生無滅。有光明三昧。入是三昧。能照一切三昧令其熾明。有不滅一切法三昧。入是三昧。不分別一切三昧。有不求三昧。入是三昧。不求一切諸法。有不住三昧。入是三昧。於諸法中不住法界。有虛空憶想三昧。入是三昧。令諸三昧皆是虛空見其眞實。有無心三昧。入是三昧。能於一切諸三昧中滅心心數法。有色無邊三昧。入是三昧。於一切三昧中色無邊光明。有淨燈三昧。入是三昧。於一切三昧中能作燈明。有一切法無邊三昧。入是三昧。於諸三昧悉能示現無量智慧。有電無邊三昧。入是三昧。於諸三昧示現智慧。有一切光明三昧。入是三昧。於諸三昧示現三昧門光明。有諸界無邊三昧。入是三昧。於諸三昧示現無量無邊智慧。有白淨堅固三昧。入是三昧。於諸三昧得空定。有須彌山空三昧入是三昧。於諸三昧示現虛空。有無垢光明三昧。入是三昧。於諸三昧除諸垢穢。有一切法中無畏三昧。入是三昧。於諸三昧示現無畏。有樂樂三昧。入是三昧。於諸三昧悉得樂樂。有一切法正遊戲三昧。入是三昧。於諸三昧示現無有一切諸色。有放電光三昧。入是三昧。於諸三昧示現放光。有一切法安止無垢三昧。入是三昧。於諸三昧示現無垢智慧。有無盡三昧。入是三昧。於諸三昧示現非盡非不盡。有一切法不可思議清淨三昧。入是三昧。於諸三昧示現如鏡中像等不可思議。有火光三昧。入是三昧。於諸三昧

令智慧熾然。有離盡三昧。入是三昧於諸三昧示現
不盡。有不動三昧。入是三昧於諸法中不動不受無
有輕戲。有增益三昧。入是三昧於諸三昧悉見增益。
有日燈三昧。入是三昧於諸三昧放光明門。有月無
垢三昧。入是三昧於諸三昧作月光明。有白淨光明
三昧。入是三昧於諸三昧得四種辯。有作不作三昧。
入是三昧於諸三昧作與不作示現智相。有金剛三
昧。入是三昧悉得通達一切諸法乃至不見如微塵
等障礙。有住心三昧。入是三昧其心不動不受苦樂
不見光明無有瞋恚於此心中亦復不見此是心想。

有徧照三昧。入是三昧。於諸三昧見一切明。有善住三昧。入是三昧。於諸三昧善能得住。有寶山三昧。入是三昧見諸三昧猶如寶山。有勝法印三昧。入是三昧能印諸三昧。有順法性三昧。入是三昧見一切法悉皆隨順。有離樂三昧。入是三昧於一切得離樂著有法炬三昧。入是三昧除諸法暗。有法雨三昧。入是三昧於諸三昧能雨法雨破壞著相。有等言語三昧。入是三昧於諸法中悉得眼目。有離語言三昧。入是三昧於諸法中乃至無有一言。有斷緣三昧。入是三昧斷諸法緣。有不作三昧。入是三昧於諸法中不見作者。有淨性三昧。入是三昧見一切法自性清淨。有無障礙三昧。入是三昧於諸法中無有障礙。有離網三昧。入是三昧見諸三昧足離於高下。有集聚一切功德三昧。入是三昧離一切法集。有正住三昧。入是三昧於諸法中不見有心及心數法。有覺三昧。入是三昧即能覺悟一切諸法。有念分別三昧。入是三昧於諸法中得無量辯。有淨智覺三昧。入是三昧於一切法得等非等。有智相三昧。入是三昧能出三界。有智斷三昧。入是三昧見諸法斷。有智雨三昧。入是三昧得一切法雨。有無依三昧。入是三昧於諸法中不見依止。有一莊嚴三昧。入是三昧於諸法中不見法幢。有行三昧。入是三昧能見諸法悉寂靜行。有一切行離一切有三昧。入是三昧於諸法中通達解了。有俗言三昧。入是三昧能解俗言。有離語言無字三昧。入是三昧於諸法中悉得解了無有語言。有智炬三昧。入是三昧於諸法中能作照明。有智勝相吼三昧。入是三昧於諸法中示現淨相。有通智相三昧。入是三昧於諸法中悉見智相。有成就一切行三昧。入是三昧於諸法中成就一切行。有離苦樂三昧。入是三昧於諸法中無所依止。有無盡行三昧。入是三昧見諸法無盡。有陀羅尼三昧。入是三昧。於諸三昧能持法相不見邪正。有無憎愛三昧。入是三昧。於諸法中不見憎愛。有淨光三昧。入是三昧。於有爲法不見是垢。有堅牢三昧。入是三昧。不見諸法有不堅牢。有滿月淨光三昧。入是三昧。悉能具足成就功德。有大莊嚴三昧。入是三昧。於諸三昧悉見成就無量莊嚴。有一切世光明三昧。入是三昧。於諸三昧以智照明。有一切等照三昧。入是三昧。於諸三昧悉得一心。有淨無淨三昧。入是三昧。於諸三昧不見淨不淨。有無宅三昧。入是三昧。不見諸三昧舍宅。有如爾三昧。入是三昧於諸法中不見作與不作。有無身三昧。入是三昧。於諸法中不見有身。諸菩薩得如是等諸三昧門。口業清淨如虛空。於諸法中不見口業。猶如虛空無有障礙。大悲。是名修學大乘菩薩摩訶薩諸三昧門。

悲華經卷第八

音釋

裸郎果切赤體也　毀呰毀虎委切謗也呰將几切譏也　合縵縵莫班切謂佛手指間皮相連也

悲華經卷第九

北涼天竺三藏法師曇無讖譯

檀波羅蜜品第五之二

善男子。云何菩薩摩訶薩助菩提法清淨之門。善男子。布施卽是助菩提法。化衆生故。持戒卽是助菩提法。具足善願故。忍辱卽是助菩提法。具足三十二相八十隨形好故。精進卽是助菩提法。於諸衆生勤教化故。禪定卽是助菩提法。令心具足得調伏故。智慧卽是助菩提法。具足能知諸煩惱故。多聞卽是助菩提法。於諸法中具無礙故。一切功德卽是助菩提法。

一切衆生得具足故。智業卽是助菩提法。得具足無礙智故。修定卽是助菩提法。悉得成就柔輭心故。慧業卽是助菩提法。遠離一切諸疑惑故。慈心卽是助菩提法。於諸衆生心無礙故。悲心卽是助菩提法。拔出衆生諸苦故。喜心卽是助菩提法。愛樂法故。捨心卽是助菩提法。斷憎愛故。聽法卽是助菩提法。斷五蓋故。出世卽是助菩提法。捨諸所有故。阿蘭若卽是助菩提法。離諸悤務故。專念卽是助菩提法。得陀羅尼故。正憶卽是助菩提法。分別意識故。思惟卽是助菩提法。於諸法中得成就義故。念處卽是助菩提法。

身受心法覺分別故。正勤卽是助菩提法。斷不善法修善法故。如意足卽是助菩提法。身心輕利故。諸根卽是助菩提法。得一切衆生根具足故。諸力卽是助菩提法。具足能壞諸煩惱故。諸覺卽是助菩提法。於諸法中具足覺知實法相故。正道卽是助菩提法。遠離一切諸邪見道故。聖諦卽是助菩提法。斷滅一切諸煩惱故。四辯卽是助菩提法。得斷衆生諸疑惑故。緣念卽是助菩提法。不從他聞得智慧故。善友卽是助菩提法。一切功德持成就故。發心卽是助菩提法。成就不誑諸衆生故。用意卽是助菩提法。出一切法故專心卽是助菩提法。增益善法故。思惟善法卽是助菩提法。隨所聞法得成就故。攝取卽是助菩提法。成就教化諸衆生故。護持正法卽是助菩提法。令三寶種不斷絶故。善願卽是助菩提法。成就嚴淨佛世界故。方便卽是助菩提法。速得成就一切智故。善男子。是名菩薩摩訶薩助菩提法清淨門經。善男子。爾時寶藏如來四顧徧觀菩薩大衆。告大悲言。大悲。云何菩薩以無所畏莊嚴瓔珞。具足於忍。善男子。若菩薩見第一義。得無癡精進。不著三界。若不著三界。是謂三昧無畏沙門之法。如空中動手。悉無所著。又觀諸法不見相貌。大悲。是名菩薩摩訶薩以無所畏莊嚴瓔珞。善男子。云何菩薩具足於忍。如是菩薩住於法時。不見諸法如微塵相貌。逆順觀行。於諸法中解無果報。於所習慈。了無有我。於所習悲。了無衆生。於所習喜。了無有命。於所習捨。了無有人。雖行布施。不見施物。雖行持戒。不見淨心。雖行忍辱。不見衆生。雖行精進。無離欲心。雖行禪定。無除惡心。雖行智慧。心無所行。雖行念處。不見思惟。雖行正勤。不見心之生滅。雖行如意足。不見無量心。雖行於信。不見無障礙心。雖行於念。不見心得自在。雖行於定。不見入定心。

雖行於慧。不見慧根。雖行諸力。無所破壞。雖行諸覺。心無分別。雖行正道。不見諸法。雖行定業。不見心之寂靜。雖行慧業。不見心之所行。雖行聖諦。不見通達法相。雖修念佛。不見無量行心。雖修念法。心等法界。雖修念僧。心無所住。教化衆生。心得淸淨。雖持正法於諸法界。心不分別。雖修淨土。其心平等。猶如虛空。雖修相好。心無諸相。雖行忍辱。心無所有。雖住不退常自不見退與不退。雖行道場解了三界無有異相。雖壞諸魔。乃是利益無量衆生。雖行菩提觀諸法空無菩提心。雖轉法輪於一切法無轉無還。雖復示現大般涅槃。於生死中心等無異。是名菩薩具足於忍。
說是法時。有六十四億菩薩摩訶薩從十方來。至耆
闍崛山釋迦牟尼佛所。聽此本緣三昧助菩提法清
淨門經。聞是法已得無生忍。爾時釋迦牟尼佛告諸
大眾。汝今當知。寶藏如來於往古世說是法時。有四
十八恆河沙等菩薩摩訶薩得無生忍。四天下微塵
數等菩薩摩訶薩住不退轉地。一恆河沙等菩薩摩
訶薩得此本緣三昧助菩提法清淨門經。善男子。爾
時大悲菩薩聞是法已。心生歡喜。即得變身。其狀猶
如年二十人。追隨如來猶影隨形。善男子。爾時轉輪

聖王及其千子。八萬四千小王。九十二億人。悉共出家奉持禁戒。修學多聞。忍辱三昧。勤行精進。善男子。爾時大悲菩薩摩訶薩漸漸從佛諮受聲聞所有八萬四千法聚。緣覺所有九萬法聚。受持諷誦悉令通利。大乘法藏身念處中十萬法聚。受念處中十萬法聚。心念處中十萬法聚。法念處中十萬法聚。悉皆受持讀誦通利。十八界中十萬法聚。十二入中十萬法聚。斷除貪欲十萬法聚。斷除瞋恚十萬法聚。斷除愚癡十萬法聚。三昧解脫十萬法聚。諸力無畏不共之法十萬法聚。如是等十億法聚。皆悉受持讀誦通利。

善男子。其後彼佛入般涅槃。爾時大悲菩薩摩訶薩以無量無邊種種諸華。末香塗香。寶幢旛蓋珍寶技樂。而以供養。以種種香積以爲積。闍維其身。收取舍利。起七寶塔。高五由旬。縱廣正等滿一由旬。於七日中。復以種種無量無邊華香技樂寶幢旛蓋而供養之。爾時復令無量無邊衆生安止住於三乘法中。善男子。大悲菩薩過七日已。與八萬四千人俱共出家。剃除鬚髮。著染袈裟。於寶藏佛般涅槃後。隨順等心熾然正法。滿十千歲。復令無量無邊阿僧祇衆生安止住於三乘法中。及三歸依五戒八齋。沙彌十戒。次第具足大僧淨行。復更勸化無量百千萬億衆生。安止住於神通方便四無量行。令觀五陰猶如怨賊。觀於諸入如空聚落。觀有爲法從因緣生。勸化衆生令得知見。觀一切法如鏡中像。如熱時炎。如水中月。於諸法中皆知無我無生無滅。第一寂靜微妙涅槃。復令無量無邊衆生安止住於八聖道中。作如是等大利益已。即便命終。尋時復有無量無邊百千諸人。以種種供養供養大悲比丘舍利。其所供養悉如轉輪聖王之法。如是大衆種種供養大悲舍利亦復如是。大悲比丘命終之日。寶藏如來所有正法。即於其日滅盡無餘。彼時菩薩以本願故生於佛土。或生兜術。
人中龍中。或夜叉中。或阿脩羅。生於種種畜生之中。
善男子。大悲比丘命終之後。以本願故。南方去此十
千佛土。有佛世界名曰歡樂。彼中人民壽八十歲。集
聚一切諸不善根。喜爲殺害。安住諸惡。於諸衆生無
慈悲心。不孝父母。乃至不畏未來之世。大悲比丘以
本願故。生彼世界旃陀羅家。所受身體長大端正。力
勢剛强威猛勇健。專念問荅。辯才捷疾。如是諸事悉
勝於人。以强力勢逼捉諸人。作如是言。汝今若能受
不盜戒。乃至遠離種種邪見行正見者。當施汝命。給

汝所須資產之物。令無所乏。若不受者。我今要當斷汝命根。然後乃去。爾時諸人長跪叉手。作如是言。仁者今已爲我調御。如仁所敕。我今受持。盡其壽命。不復偷盜。乃至正見亦復如是。爾時强力旃陀羅往至王所。或大臣所。作如是言。我今困乏資產之具。所謂飲食醫藥衣服臥具香華金銀錢貨眞珠瑠璃珂貝璧玉珊瑚琥珀。眞寶僞寶。若我得此種種物已持施衆生。爾時國王大臣。卽與種種所須之物。令其充足。時旃陀羅因其施故。安止此王及其大臣住十善中。爾時人民增益壽命。滿五百歲。其王命終。諸大臣等以旃陀羅紹繼王位。因爲作字號功德力。善男子。爾時功德力王不久王一國土。復以力故王二國土。如是不久。乃至得作轉輪聖王。王閻浮提。然後教化一切衆生。安止令住不殺生戒。乃至正見亦復如是。隨諸衆生心所志樂。勸化令住於三乘中。爾時功德力王。教化閻浮提內無量衆生。於十善道及三乘中已於閻浮提內大聲唱言。若有乞求欲須食飲乃至欲得種種珍寶。悉來至此。我當給施。是時閻浮提內一切乞士。聞是唱已。悉來集會。時功德力王種種隨意給施所須。皆令滿足。爾時有一尼乾子。名曰灰音。往至王所而作是言。王今所作種種大施以求無上正眞之道。我今所須。王當與我。令得滿足。王於來世當熾然法燈。時王問言。卿何所須。彼人荅言。我誦持呪術。欲得與彼阿脩羅鬭。怖其破壞。自得勝利。是故白王如是事耳。所可須者。未死之人皮之與眼。爾時大王聞是語已。如是思惟。我今得是無量力勢轉輪聖王。已得安止無量衆生。住於十善及三乘中。復作無量無邊大施。此善知識。欲令我以不堅牢身貿堅牢身。爾時大王便作是言。汝今可生歡喜之心。我今以此凡夫肉眼布施於汝。以是緣故。令我來世得清淨慧眼以歡喜心剝皮施汝復以是緣令我成阿耨多羅三藐三菩提已得金色身善男子爾時功德力王以其右手挑取二目施尼乾子血流汙面而作是言諸天龍神乾闥婆阿脩羅迦樓羅緊那羅摩睺羅伽人非人等若在虛空若因地者悉聽我言我今所施皆爲無上菩提之道白淨涅槃度諸衆生於四流水令得安止住於涅槃復作是言若我必定成阿耨多羅三藐三菩提者雖作是事所有命根不應斷壞不失正念不應生悔令尼乾子所作呪術便得成就復作是言汝今可來剝取我皮善男子時尼乾子即持

利刀剝取王皮。卻後七日。所作呪術悉得成就。爾時大王於七日中。其命未終。不失正念。雖受是苦。乃至一念不生悔心。善男子。汝今當知。爾時大悲菩薩者。豈異人乎。莫作是觀。則我身是。於過去世寶藏佛所。初發阿耨多羅三藐三菩提心。初發心已。勸化無量無邊衆生於阿耨多羅三藐三菩提。善男子。是我最初勇健精進。爾時我以本願力故。命終生於歡樂世界旃陀羅家。是我第二勇健精進。我生旃陀羅家。教化衆生於善法中。以自力勢。乃至得作轉輪聖王。滅閻浮提鬪諍穢濁。令得寂靜增長壽命。是我初始捨於身皮及以眼目。善男子。我以願故於彼命終。復還來生歡樂世界旃陀羅家。乃至得作轉輪聖王。以大勢力安止衆生於善法中。於彼世界復得除滅怨賊鬬諍穢濁之事。令諸衆生增益壽命。我於爾時始捨舌耳。於彼三千大千世界一一天下。作如是等大利益已。以願力故。精進堅牢。如是次第復於如一恒河沙等五濁惡世。作大利益。安止衆生住於善法及三乘中。滅除怨賊鬬諍穢濁。善男子。其餘他方清淨世界。所有諸佛本行阿耨多羅三藐三菩提時。不說他過。不爲他人說麤惡言。不以力勢示現恐怖。不勸衆生於聲聞乘辟支佛乘。是故諸佛具滿成就阿耨多羅三藐三菩提。已得此清淨妙好世界。無諸罪名。無有受戒。耳終不聞麤惡之言。無不善聲。常聞法聲。離於一切不適意聲。於諸眾生而得自在。無有聲聞辟支佛名。善男子。我於恆河沙等大劫。如恆河沙等無佛國土五濁之世。以麤惡言斷命因緣恐怖眾生。然後勸令安住善法及三乘中。是餘業故。令得如是弊惡世界。以不善音唱滿世界。是故今得不善眾生充滿世界。說三乘法。如我本願取佛世界。調伏眾生。其事如是。我已如說精勤修習行菩提道。是故今得種

子相似佛之世界如我本願今得如是善男子今我
略說往昔所行檀波羅蜜我行檀波羅蜜時過去諸
菩薩行菩薩道時亦無有能作如是行未來之世行
菩薩道者亦無有能作如是行我為菩薩行檀波羅
蜜時離除過去八善丈夫第一菩薩名曰一地得在
此南方一切過患國成阿耨多羅三藐三菩提號破
煩惱光明如來應供正徧知明行足善逝世間解無
上士調御丈夫天人師佛世尊人壽百歲於中說法
七日之後入般涅槃第二菩薩名精進淨在此東方
炎熾國土成阿耨多羅三藐三菩提號百功德如來

應供正徧知明行足善逝世間解無上士調御丈夫天人師佛世尊人壽百歲於中說法作佛事已彼佛過一恆河沙等大劫已入無上涅槃其佛舍利乃至今日在無佛國作於佛事如我無異第三菩薩名堅固華於諸三昧勤行精進以大力勢行於布施於當來世過十恆河沙等大劫在此北方歡樂世界成阿耨多羅三藐三菩提號斷愛王如來應供正徧知明行足善逝世間解無上士調御丈夫天人師佛世尊第四菩薩名曰慧熾攝取歡喜過一大劫在此西方可畏世界人壽百歲於中成阿耨多羅三藐三菩提

號曰藏光明無垢尊王如來應供正徧知明行足善逝世間解無上士調御丈夫天人師佛世尊於今我前有二菩薩一名日光二名喜臂未來之世過於無量無邊大劫在此上方灰霧國土劫名大亂五濁惡世多諸煩惱人壽五十歲日光菩薩以本願故於中成阿耨多羅三藐三菩提號不思議日光明如來應供正徧知明行足善逝世間解無上士調御丈夫天人師佛世尊滿十歲中具足佛事而般涅槃即涅槃日正法亦滅其後十歲空過無佛人壽轉減至三十歲喜臂菩薩以本願故於中得成阿耨多羅三藐三

菩提號勝日光明如來應供正徧知明行足善逝世間解無上士調御丈夫天人師佛世尊彼佛世尊亦十歲中具足佛事而般涅槃般涅槃已以本願故正法住世滿七十歲時二菩薩在於我前始得受阿耨多羅三藐三菩提記以聞記故心生歡喜頭面敬禮以歡喜故上升虛空高七多羅樹叉手向佛異口同音而說偈言

如來光炎　殊於日月　能於惡世
演大智慧　調御目淨　無有垢穢
以妙論議　摧伏外道　我無量劫

修無相定　以求無上　勝妙菩提
供養諸佛　數如恆沙　而過去佛
不授我記　世尊離欲　心得解脫
於黑暗世　善爲佛事　爲諸失道
衆生說法　悉令得出　生死漂流
我今所願　於此自在　清淨佛法
出家修道　解脫淨戒　如說而行
定心隨佛　如影隨形　不爲利養
但求正法　得聞法已　服甘露味
是故世尊　與我授記　於未來世

得無上道

善男子。其餘二人故未發心。已發心者。一名日光。二名喜臂。先有四人。一名地得。二名精進淨。三名堅固華。四名慧熾攝取歡喜。合有八人。是六菩薩。我初勸其令發阿耨多羅三藐三菩提心。善男子。汝今諦聽往昔因緣。過去無量阿僧祇劫。爾時此界名無垢須彌。人壽百歲有佛出世號香蓮華。般涅槃後像法之中。我於爾時作大强力轉輪聖王。號難沮壞。王閻浮提千子具足。我悉勸化令發阿耨多羅三藐三菩提心。其後尋於香蓮華佛像法之中。出家修道熾然增益佛之道法唯除六子不肯出家發菩提心我於爾時數數告言卿等今者欲何所求何以不發無上道心出家修道是時六子作如是言不應出家所以者何若於末世像法出家不能成就護持戒聚離聖七財以不護戒沒於生死汙泥之中墮三惡道不能得生天上人中以是因緣我等不能出家修道善男子我復重問卿等何以不發無上道心六子荅言若能與我閻浮提者然後我當發阿耨多羅三藐三菩提心善男子我聞是已心生歡喜作是思惟我今已化閻浮提人安置三歸受八戒齋住於三乘我今當分

此閻浮提以爲六分。與此六子。令其得發無上道心。然後我當出家修道思惟是已。如其所念分閻浮提卽爲六分。賜與諸子。尋便出家。爾時六王各相違戾。不相承順。互相抄掠。攻伐鬬諍。縛束枷鎖。爾時一切閻浮提內。苗稼不登。人民飢餓。水雨不時。諸樹枯悴。不生華實藥草不生。人民禽獸及諸飛鳥悉皆飢餓其身熾然猶如火聚。我於爾時復自思惟。我今應當自捨己身肌體血肉。以施衆生。令其飽滿。作是念已從其所住阿蘭若處。至於人間中路有山。名水愛護。住是山上。復作是願而說偈言。

如我自捨　所有身命　爲大悲心
不求果報　但爲利益　諸天及人
願作肉山　給施衆生　我今所捨
妙色端嚴　不求帝釋　天魔梵王
但爲利益　未來人天　以此血肉
施諸衆生　諸天龍神　人及非人
住山林者　今聽我言　爲諸衆生
我起大悲　自以血肉　而給施之

善男子。我於爾時作是願已。諸天搔擾。大地諸山須彌大海。皆六種動。人天大衆發聲悲號。爾時我於水愛護山自投其身以願力故即成肉山高一由旬縱廣正等亦一由旬是時人民飛鳥禽獸始於是時噉肉飲血以本願故於中夜分增益廣大其身乃至高千由旬縱廣正等亦千由旬其邊自然而生人頭髮毛眼耳鼻口脣舌具足而有彼諸頭中各各有聲而唱是言諸衆生等各各自恣隨意取用飲血噉肉取頭目耳鼻脣舌齒等皆令滿足然後悉發阿耨多羅三藐三菩提心或發聲聞辟支佛心卿等當知如是之物悉不可盡食之易消不夭壽命有明智者食肉飲血取其頭目耳鼻舌者或發聲聞辟支佛乘或發

阿耨多羅三藐三菩提心。或求天上人中富樂。以本
願故。身無損減。乃至萬歲。閻浮提內人及鬼神飛鳥
禽獸皆悉充足。於萬歲中。所施目如一恆河沙。所施
血如四大海水。所捨肉如千須彌山。所捨舌如大鐵
圍山。所捨耳如純陀羅山。所捨鼻如毗富羅山。所捨
齒如耆闍崛山。所捨身皮猶如三千大千世界所有
地等。善男子。汝今當知。我於往昔萬歲之中。所捨無
量無邊阿僧祇身。一壽命中。自以血肉給施如是無
量無邊阿僧祇眾生。悉令飽足。乃至一念不生悔心。
我於爾時復作是言。若我必定成阿耨多羅三藐三

菩提所願成就得已利者。我今於此一閻浮提萬歲之中。自以血肉給施一切無量衆生。如是一恆河沙等萬歲。徧滿於此無垢須彌三千大千世界。作血肉山。一一天下於萬歲中。自以血肉頭目耳等給施衆生。所謂天龍鬼神人及非人。一切畜生。若在虛空及因地者。乃至餓鬼。悉令滿足。然後勸化安置住於三乘法中。若徧於此一佛世界滿足衆生。已復至十方如一恆河沙等五濁惡世。復捨血肉頭目耳等給施衆生。悉令充足。如是如一恆沙等大劫之中爲衆生故。自捨身命以施衆生。若我所願不成不得已利者。

卽便欺誑十方世界無量無邊諸佛世尊。爲諸衆生轉法輪者。必定不成阿耨多羅三藐三菩提。住於生死。畢竟不聞佛聲法聲比丘僧聲。波羅蜜聲。力無畏聲。乃至一切諸善根聲。若我不能成就捨身布施充足諸衆生者。常墮阿鼻地獄。善男子。我於往昔如是所願皆悉成就。於一一天下。捨身血肉給施衆生悉令飽滿。如是次第。徧滿十方如恆河沙等諸佛世界。捨身血肉給施衆生。悉令滿足。善男子。汝今當知。我於爾時爲檀波羅蜜捨身布施。如是次第施於眼目。其聚滿此閻浮提內。高至忉利天。善男子。是名如來略說捨身檀波羅蜜。復次善男子。如是復過無量無邊阿僧祇劫。爾時此界轉名月雷。亦五濁世。我於是時作轉輪聖王。王閻浮提。號燈光明。亦教無量無邊阿僧祇人。安止住於諸善法中。亦如上說。作是事已遊在園林。觀看土地。見有一人身被縛束。我即問言。此何所犯。大臣白言。諸有田作所得穀麥。應爲六分。一分入官。是人不順王法。不肯輸送。是故被縛。我於爾時即敕令放。從今已後。不須強取。大臣荅言。是人民中。乃至無有一人生歡喜心以義送之。今諸王子後宮眷屬貴人婇女。諸所資用飲食之具。一切皆從他邊強取無有一人清淨心與我聞是巳心大憂愁卽自思惟此閻浮提當持與誰爾時我有五百諸子先巳令發無上道心當分此地為五百分等與諸子我當出家至阿蘭若處修諸仙法學淨梵行思惟是巳尋分此地爲五百分等與諸子卽便出家至南海邊鬱頭摩樹大林之中食諸果子漸漸修學得五神通善男子時閻浮提有五百商人入於大海欲採珍寶有一商主名曰滿月此人先世福德緣故得如所願至於寶渚多取種種諸珍寶巳卽欲發引還閻浮提爾時海神高聲啼哭多有諸龍心懷瞋恚欲害商

人有一龍王名曰馬堅。是大菩薩。以本願故生於龍中。起慈悲心。救護諸商令得安隱。過於大海至彼岸邊。龍王然後還本住處。爾時復有大惡羅刹。隨逐商人。如影隨形。欲爲虐害。是惡羅刹即於其日放大惡風。時諸商人迷悶失道。生大怖畏。失聲號哭。稱喚諸天摩醯首羅水神地神火神風神。復稱父母妻子眷屬。願救濟我。善男子。我於爾時以淨天耳聞其音聲。尋往其所。以柔輭音而慰撫之。莫生怖畏。當示汝道。令汝安隱還閻浮提。善男子。我於爾時白氎纏臂。以油灌之。然以爲炬。發眞實言。我先以於鬱頭摩林三

十年中。專精修行四無量心。為諸衆生食噉果子。勸
化八萬四千諸龍夜叉神等。不退轉於阿耨多羅三
藐三菩提。以是善根因緣。今然此臂。為示道故。令是
諸商安隱得還閻浮提中。然臂乃至七日七夜。此諸
商人。尋便安隱還閻浮提。善男子。我於爾時復作善
願。若閻浮提無諸珍寶。若我必成阿耨多羅三藐三
菩提得已利者。當作商主。於一一天下七反雨寶。復
入大海取如意珠。於一一天下復雨種種雜廁寶物。
如是次第徧此世界。乃至十方無量無邊阿僧祇諸
世界中。亦復如是。善男子。我於往昔諸所發願。皆悉

成就。如恆河沙等大劫中。常作無上薩薄之主。於恆河沙等五濁惡世。雨種種珍寶。一日之中。七反雨之。如是利益無量衆生。悉令珍寶得滿足已。然後勸化安止令住於三乘中。善男子。汝今當知。卽是如來捨諸珍寶。爲得諸相善根因緣。復次善男子。如是復過無量無邊阿僧祇劫。此佛世界轉名爲網。劫名知具足。其世五濁。人民壽命滿五萬歲。以本願故生閻浮提婆羅門家。字曰須香。讀誦外典圍陀章句。爾時衆生多著常見。互共鬪諍。起怨賊想。我於爾時。以强力勢。爲諸衆生說五受陰猶如怨家。說十二入如空聚落。說十二緣其性生滅開示分別阿那波那。令其修學。復作是言。仁等今者可發無上菩提之心。所作善根應生回向。我於是時自然而得五通神仙。爾時復有無量無邊阿僧祇人受我教故悉得五通復有無量無邊衆生遠離鬬諍滅除怨憎。出家入山食果蓏子。晝夜修習四無量心。是劫欲盡是諸人等各各分散遊閻浮提。教化衆生。令離鬬諍除滅怨憎悉使寂靜。或有水旱暴風惡雨皆令除滅。其地柔輭。五穀成熟。食飲滋味。以劫欲盡。衆生復爲種種病苦之所纏惱。善男子。我於爾時尋復思惟。若我不能除衆生病我則不成阿耨多羅三藐三菩提。爲諸衆生斷除煩惱。我今當以何等方便。除衆生病。唯有聚集一切大衆釋天梵天四天王等。及諸天仙龍仙人仙。問諸醫方。合集諸草。種種呪術以療衆病。思惟是已。卽以神力至釋天梵天四天王天。及諸神天龍人仙所。作如是言。有毗陀山。願諸仁等皆共來集。爾時大衆聞是言已。皆悉集聚。旣集聚已。皆共誦持毗陀呪術。以是力故。能卻一切諸惡鬼神。擁護衆生。復修醫方。能治痰癊風寒冷熱。以是因緣。令無量無邊阿僧祇人。離諸苦惱。善男子。我於爾時復更作願。若我已爲此一

天下無量衆生作智慧光。安止住於三乘法中。閉三
惡門。通天人路。除諸病苦。令得歡樂。復當次第爲無
量無邊阿僧祇人作智慧光。乃至歡樂。以是善根因
緣果報故。令我所願皆得成就。逮得已利。如我已爲
此一天下無量無邊阿僧祇人閉三惡道通天人路。
爲諸病者請諸天龍神仙之人。集毗陀山修毗陀呪。
令無量無邊阿僧祇人。悉得離病。受於快樂。如是徧
滿此網世界。利益一切在在處處無量衆生。安住三
乘。閉三惡道。通天人路。復爲如是世界病者。請諸天
龍神仙之人。集毗陀山修毗陀呪。令此世界無量無

邊阿僧祇人。悉得離痾受於快樂。如此世界。乃至十方如恒河沙等五濁惡世。亦復如是。善男子。我於爾時在網世界。乃至十方恒河沙五濁惡世。諸所作願皆得成就。善男子。汝今當知。即是如來為菩薩時。增益智慧修菩薩道。是名如來愛護三業善根種子。

悲華經卷第九

音釋

積子智切聚也　抄掠抄楚教切掠力灼切抄掠劫奪也　搔擾搔蘇遭切擾而沼切搔擾煩亂也　慰撫慰於胃切勉也撫芳武切安也　療力嶠切治也

悲華經卷第十

北涼天竺三藏法師曇無讖譯

檀波羅蜜品第五之三

佛告寂意菩薩。善男子。其後復過無量無邊阿僧祇劫。此界轉名選擇諸惡。爾時大劫名善等益。世亦五濁。東方去此五十四天下。彼閻浮提名盧婆羅。以願力故。生於彼中。作轉輪聖王。主四天下。號虛空淨教諸衆生安住十善及三乘中。我於爾時布施一切無所分別。是時多有無量乞兒來從我乞種種珍寶。金銀瑠璃玻瓈錢貨青瑠璃珠大青瑠璃火珠摩尼。所有珍寶少不足言乞者無量我於是時即問大臣如是珍寶從何處生大臣荅言是諸龍王之所示現雖有此寶唯供聖王不能廣及如是乞者我於爾時作大誓願若我未來於五濁中厚重煩惱人壽百歲必定成阿耨多羅三藐三菩提所願成就得巳利者作大龍王示現種種珍寶之藏於此選擇諸惡世界在在處處四天下中於一一天下七反受身一一身中示現無量百千萬億那由他等珍寶之藏一一寶藏縱廣正等一千由旬各各充滿種種珍寶如上所說給施衆生如我在此一世界中精勤用意如是次第

徧十方如恆河沙等五濁惡世無佛國土。於一一佛
土。一一天下。七反受身。乃至如上所說善男子。我作
如是善願。爾時天人有百千億在虛空中。雨種種華
而讚我言。善哉善哉。一切布施。汝今已得如心所願
善男子。爾時大衆聞虛空淨王。諸天作字號一切施。
聞是事已。各各相謂。我等今者應往乞求難捨之物。
若能捨者。可得名爲一切布施。如其不能。何得稱爲
一切施也。是時諸人。各各從王乞索後宮夫人婇女
及兒息等。時轉輪王聞是事已。心大歡喜。隨其所索
悉皆與之。是時諸人復更相謂言。如是妻子皆是易

捨。非難事也。今當從王乞身支節。若能捨者眞可得名能捨一切。爾時諸人往大王所。於是衆中有一乞兒。字青光明。受持狗戒。向轉輪王作如是言。大王若是一切施者。唯願施我此閻浮提。我時聞已。心大歡喜。尋以香水洗浴其人。令著柔輭上妙衣服。以水灌頂紹聖王位。持閻浮提。卽以施之。復作是願。如我以此閻浮提施。是因緣故。成阿耨多羅三藐三菩提。所願成就得已利者。是閻浮提所有人民。皆當承順奉敬此人以爲王者。復令此人壽命無量作轉輪王。我成阿耨多羅三藐三菩提已。當與授記。一生當得補

佛之處有婆羅門名曰盧志復來從我乞索兩足我
聞是已心生歡喜即持利刀自斷二足持以施之施
已發願願我來世具足當得無上戒足有婆羅門名
曰互復來從我乞索二目我聞是已心生歡喜即挑
二目持以與之施已發願願我來世當得具足無上
五眼未久之間有婆羅門名淨堅牢復來從我乞索
二耳我聞是已心生歡喜尋自割耳持以施之施已
發願願我來世當得具足無上智耳未久之間有尼
乾子名想復來從我乞索男根我聞是已心生歡喜
尋自割取持以施之施已發願願我來世成阿耨多

羅三藐三菩提。得馬王藏相。未久之間。復有人來從我乞索身之血肉。我聞是已。心生歡喜。卽便施之。施已發願。願我來世具足無上金色之相。未久之間。有婆羅門名曰蜜味。復來從我求索二手。我聞是已。心生歡喜。右手持刀尋斷左手。作如是言。今此右手不能自割。卿自取之。作是施已。復發願言。願我來世具足當得無上信手。善男子。我截如是諸支節已。其身血流。復作願言。因此施故。必定成阿耨多羅三藐三菩提。所願成就。得已利者。其餘身分更得受者。爾時非聖不知恩義。諸小王等。及諸大臣皆作是言。咄哉

愚人如何自割身體支節。令諸自在一旦喪滅。其餘
肉摶復何所直。是時大臣卽持我身。送著城外曠野
塚間。各還所止。時有無量蚊䖟蠅等唼食我血。狐狼
野干鵰鷲之屬。悉來噉肉。我於爾時命未斷間。心生
歡喜。復作願言。如我捨於一切自在及諸支節。乃至
一念不生瞋恚及悔恨心。若我所願成就得已利者。
當令此身作大肉山。有諸飲血噉肉衆生悉來至此
隨意飲噉。作是願已。尋有衆生悉來食噉。本願力故
其身轉大高千由旬。縱廣正等五百由旬。滿千歲中。
以此血肉給施衆生。我於爾時所捨舌根。令諸虎狼

鵄梟鵰鷲食之飽足以願力故復生如本假當聚集如耆闍崛山作是施已復作是願願我來世具足得成廣長舌相善男子我時命終在閻浮提以本願故生於龍中作大龍王名示現寶藏即於生夜示現百千億那由他種種寶藏自宣令言是地分中多有寶藏其中具足諸珍異物金銀乃至摩尼寶珠是諸衆生聞是唱已各各自恣取諸寶物隨意所用用已具足行十善道發阿耨多羅三藐三菩提心或發聲聞辟支佛心我於爾時在龍王中七反受身壽命七萬七千億那由他百千歲示現無量無邊阿僧祇寶藏

與諸衆生。爾時安止無量無邊阿僧祇人於三乘中。勸令具足行十善道。以種種無量珍寶滿衆生已。復發願言。願我來世具足當得三十二相。如是第二天下。亦復七生作大龍王。乃至徧滿選擇世界。在在處處諸四天下。悉作如是無量利益。乃至十方無量無邊無佛世界。一一世界。一一天下。亦復七生作大龍王。壽命七萬七千億那由他百千歲。示現如是無量無邊阿僧祇寶藏。亦復如是。善男子。汝今當知是謂如來爲菩薩時。深重精進。求三十二相之因緣也。善男子。如來爲菩薩時所行精進。除上八人過去世中更無能及若過去無者當知未來諸菩薩等亦復不能如是勤行深重精進如我所行善男子復過無量無邊阿僧祇劫此界轉名珊瑚池劫名華手是時無佛其世五濁我於是中作釋提桓因名善日光明觀閻浮提見諸衆生轉行惡法我時卽化爲夜叉像其形可畏下閻浮提住諸人前諸人見我皆生怖畏而問我言欲何所須願速說之我時荅言唯須飲食更無所須其人復問欲食何等我復荅言唯欲殺人噉其血肉汝等若能盡其形壽持不殺戒乃至正見發阿耨多羅三藐三菩提心若發聲聞緣覺心者我則

不復食噉汝等善男子我於爾時常作化人以供食
飲爾時衆生見我如是倍生怖畏悉皆盡形受不殺
戒乃至正見或發阿耨多羅三藐三菩提心或發聲
聞辟支佛心我勸如是閻浮提內一切衆生修行十
善住三乘已復作誓願若我必成阿耨多羅三藐三
菩提所願成就得已利者復當勸此四天下人令行
十善道乃至徧滿此之世界在在處處四天下中以
如是相貌令諸衆生行十善道勸化發於三乘之心
如是徧滿一世界已乃至十方無量無邊阿僧祇等
五濁惡世無佛國土亦復如是善男子我於爾時發

是願已。一切成就。於珊瑚池世界化作可畏夜叉之像。調伏衆生。令住十善及三乘中。如是徧於十方無量無邊阿僧祇等五濁惡世無佛國土。作夜叉像調伏衆生。令行十善住三乘中。我於往昔恐怖衆生。令行十善住三乘中。以是業因緣故。令得坐於菩提樹下。欲成阿耨多羅三藐三菩提時。天魔波旬與諸大衆來至我所。欲得壞亂我菩提道。善男子。略說我爲菩薩之時檀波羅蜜。善男子。諸大菩薩甚深法忍。微妙總持解脫三昧。我於爾時悉未得之。唯除二身有漏五通。我於爾時作此大事。令無量無邊阿僧祇人。

安止住於阿耨多羅三藐三菩提。無量無邊阿僧祇人。安止住於辟支佛乘。無量無邊阿僧祇人。安止住於聲聞乘中。況復兼得供養諸佛。如一佛世界微塵數等。一一佛邊所得功德。數如大海諸水滴等。供養無量聲聞緣覺師長父母五通神仙。亦復如是。如我昔者爲菩薩時。自以血肉供給衆生。如是大悲。令諸羅漢悉無是心。

入定三昧門品第六

爾時佛告寂意菩薩摩訶薩言。善男子。如我今者以佛眼見十方世界。如一佛土微塵等諸佛世尊般涅槃者。悉是我昔之所勸化。初發阿耨多羅三藐三菩提心。行檀波羅蜜。乃至般若波羅蜜者。未來之世。亦復如是。善男子。我今見此東方世界。無量無邊阿僧祇等諸佛世尊。今現在世轉正法輪。亦是我昔初勸令發阿耨多羅三藐三菩提心行六波羅蜜者。南西北方四維上下亦復如是。善男子。東方去此八十九億諸佛世界。彼有世界名曰善華。是中有佛號無垢功德光明王如來。應正徧知。明行足。善逝。世間解。無上士。調御丈夫。天人師。佛世尊。今現在為衆生說法彼佛亦是我昔所勸初發阿耨多羅三藐三菩提心。

令行檀波羅蜜乃至般若波羅蜜。東方復有妙樂世界。是中有佛號阿閦如來。復有閻浮世界。是中有佛號日藏如來。復有世界名樂自在。是中有佛號樂自在音光明如來。復有世界名曰安樂。是中有佛號智日如來。復有世界名勝功德。是中有佛號龍自在如來。復有世界名善相。是中有佛號金剛稱如來。復有世界名江海王。是中有佛號光明如來。復有世界名不愛樂。是中有佛號日藏如來。復有世界名離垢光明。是中有佛號自在稱如來。復有世界名山光明。是中有佛號不可思議王如來。復有世界名聚集。是中有佛號大功德藏如來。復有世界名華光明。是中有佛號光明音相如來。復有世界名安和熾盛。是中有佛號安和自在見山王如來。復有世界名善地。是中有佛號知像如來。復有世界名曰華蓋。是中有佛號眼淨無垢如來。善男子。如是東方無量無邊阿僧祇等現在諸佛。爲諸衆生轉正法輪者。未發無上菩提心時。我初勸其令發阿耨多羅三藐三菩提心。又復引導將至十方在在處處佛世尊所。隨所至處修行安止檀波羅蜜。乃至般若波羅蜜。便得受阿耨多羅三藐三菩提記。爾時東方善華世界無垢功德光明王佛師子之座及其大地六種震動有大光明雨於種種妙寶蓮華彼諸菩薩見是事已心生驚疑怪未曾有卽白佛言世尊何因緣故如來之座如是震動我等昔來未曾見是其佛卽告諸菩薩言善男子西方去此八十九億諸佛世界彼有國土名曰娑婆是中有佛號釋迦牟尼如來今現在爲四部衆說本緣法彼佛世尊爲菩薩時初勸化我發阿耨多羅三藐三菩提心復引導我至諸佛所初令我行檀波羅蜜乃至般若波羅蜜我於爾時隨所至處卽得初受阿耨多羅三藐三菩提記彼佛世尊釋迦牟尼卽是我

之眞善知識。今在西方處在大衆。爲諸四部說本緣經。是彼如來神足力故。令我所坐師子座動。善男子。汝等今者。誰能至彼娑婆世界。問訊彼佛。起居輕利。時諸菩薩各白佛言。世尊。此善華世界諸菩薩等。皆得神通。於諸菩薩功德自在。今日淸旦見是大光。其光悉從諸佛世界來至於此。大地卽時六種震動。雨種種華。見是事已。有無量百千萬億諸菩薩等。欲以神力往娑婆世界。見釋迦牟尼佛。供養恭敬尊重讚歎。幷欲諮受解了一切陀羅尼門。然各不知娑婆世界釋迦牟尼所在方面。彼佛尋伸金色右臂。於五指

頭放於種種微妙光明。其光卽照八十九億諸佛國
土。至娑婆世界。時諸菩薩因光得見娑婆世界。有諸
菩薩摩訶薩等。充滿旻塞。復有諸天龍神乾闥婆阿
脩羅迦樓羅緊那羅摩睺羅伽等。滿虛空中。見是事
已。白佛言世尊。我今已得見彼世界。知其方面。幷見
菩薩諸天人大衆。彌滿其土間無空處。釋迦如來復
觀我等。說微妙法。彼佛告諸菩薩大士。善男子。釋迦
如來。恆以清淨無上佛眼。徧觀一切無不見者。善男
子。娑婆世界所有衆生在地處空。一切皆言釋迦如
來獨觀我。心爲我說法。善男子。彼釋迦如來以一音

聲爲諸種種異類說法。衆生各各隨類得解。不以異音爲多人說。彼土衆生或事梵天。見如來身爲梵天像而得聞法。若事魔天釋天日月毗沙門天毗樓勒叉。毗樓博叉。提頭賴吒。摩醯首羅。如是種類八萬四千。隨其所事各見其像而得聞法。生獨爲想。是時會中有二菩薩。一名羅睺電。二名火光明。爾時無垢功德光明王佛告二菩薩。善男子。汝今可往娑婆世界。汝持我聲問訊釋迦牟尼世尊。起居輕利。氣力安不。時二菩薩卽白佛言。世尊。我見彼佛一切世界大衆雲集。在地處空充滿叉塞。其間無有空缺之處。若我等往當住何處時佛告言諸善男子莫作是語言彼世界無止住處所以者何彼所住處寬博無邊彼佛所有無量功德不可思議以本願故悲心廣大乃令無量諸衆生類入於佛法受三歸依然後爲說三乘之法復說三戒示三脫門復拔無量無邊衆生於三惡道安止令住三善道中善男子又一時中釋迦如來成無上道未久之間爲欲調伏諸衆生故在毗陀山因臺婆羅窟七日七夜結跏趺坐三昧正受入解脫樂佛身爾時偏滿是窟間無空處乃至四寸過七日巳十方世界有十二那由他菩薩摩訶薩至娑婆

世界。住其山邊。欲見釋迦牟尼如來。供養恭敬。尊重讚歎。啓受妙法。善男子。爾時如來於所住處。以大神足。令其窟舍寬博無量。悉得容受十二那由他菩薩摩訶薩。諸菩薩等既得入已。見其窟舍廣博嚴事。有諸菩薩以師子遊戲自在神足供養於佛。一一菩薩於化寶座而坐聽法。善男子。彼佛神力其事如是。是諸菩薩得聞法已。尋從座起。頭面禮佛。右繞三帀。各各還歸本佛世界。其去未久。窟還如故。彼四天下第二天主釋提桓因。名憍尸迦。其命將終。必定當墮畜生道中。以是事故。心生恐懼。與八萬四千諸忉利天俱其來下。詣因婆羅窟。欲見如來。時有夜叉名曰王眼。卽其窟神。在外而住。爾時帝釋以佛力故。作是思惟。今我當使乾闥婆子般遮旬先至佛所以妙音聲讚詠如來。當令世尊從三昧起。善男子。釋提桓因思惟是已。卽令乾闥婆子般遮旬彈瑠璃琴。以微妙音。其音別異有五百種。以讚如來善男子。是般遮旬當讚佛時。爾時如來卽復轉入相三昧中。以三昧力故。於此世界作大神力。令諸夜叉羅剎乾闥婆阿脩羅迦樓羅緊那羅摩睺羅伽欲色界天悉來聚集。其中若有喜聞妙音。隨意得聞。心大歡喜。或有喜聞讚歎佛者。聞讚歎已。心生歡喜。於如來所轉生尊重恭敬之心。或有衆生喜聞樂音。卽得聞之。聞已歡喜。爾時釋迦牟尼如來尋從定起。示諸大衆娑羅窟門。釋提桓因尋至佛所。頭面禮足。卻住一面。白佛言。世尊。我於今者當坐何處。時佛報曰。憍尸迦。汝之眷屬但入聚集。我今當拓此娑羅窟。令極寬博。悉使容受此十二恆河沙等大衆眷屬。皆令得坐。爾時釋迦牟尼如來於大衆中。以一妙音敷演正法。令八萬四千諸根衆生隨所樂聞。衆中或有學聲聞者。聞聲聞法。卽有九十九億衆生得須陀洹果。若有修學緣覺乘者。卽便得聞緣覺之法若有修學大乘法者純聞大乘乾闥婆子般遮旬等上首之衆十八那由他得不退轉於阿耨多羅三藐三菩提未發心者或發無上菩提之心或發緣覺或發聲聞爾時釋提桓因恐怖即除增壽千歲得須陀洹果善男子釋迦如來以神力故能作如是廣博無邊說法音聲亦復如是亦無一人能尋彼佛音聲齊限彼佛方便無量無邊所化衆生無有能知如是方便善男子彼佛色身亦無量無邊無有人能得其身量見其頂者善男子如是大衆若欲得入彼佛腹中悉亦容受既入腹已復有欲得其

腹邊者。無有是處。然如來腹亦不增減。若衆生類皆共和合欲往來者。於一毛中悉無罣礙。乃至天眼亦無能得一毛孔邊。然其毛孔亦不增不減。彼佛世尊其身如是無量無邊。善男子。彼佛世界亦無量無邊。善男子。假使十方如一恆河沙等世界所有衆生。入彼世界亦得容受。何以故。彼佛初發菩提心時。所作誓願無量無邊。善男子。置是一恆河沙等世界衆生。乃至十方千恆沙等世界衆生。入彼世界亦得容受。如其本相不增不減。善男子。釋迦如來初發無上菩提心時。欲得具足一切智故。發大誓願。是故今者所得世界無量無邊。善男子。釋迦牟尼以是四法。諸佛世尊所不能及。善男子。汝今持此月光明無垢淨華往於西方。如目所見。娑婆世界。并持我聲問訊彼佛起居輕利。氣力安不。爾時無垢功德光明王佛。取月光無垢淨華。與二菩薩而告之曰。汝今乘我大神通力。往彼世界。爾時會中有二萬菩薩白佛言。世尊。如是如是。我等今當乘佛神力。往彼世界見釋迦如來。供養恭敬尊重讚歎。彼佛告曰。善男子。汝等宜知是時。時二菩薩與二萬大士。乘佛神力。發善華界。一念之頃。忽然來到娑婆世界耆闍崛山。在如來前長跪叉手前白佛言世尊東方去此八十九億佛之世界彼有世界名曰善華是中有佛號無垢功德光明王佛今現在與諸菩薩摩訶薩等大衆圍繞讚歎世尊無量功德作如是言娑婆世界有釋迦牟尼如來今現在爲諸大衆轉正法輪彼佛世尊爲菩薩時初勸化我發菩提心以是因緣我於爾時尋得發於無上道心我發心已復勸修習六波羅蜜乃至如來以是四法諸佛世尊所不能及是故彼佛以此月光明無垢淨華供養世尊問訊如來起居輕利氣力安不善男子東方妙樂世界阿閦如來所坐之處師子之座

亦六種動。亦有無量諸大菩薩見是事已。白佛言。世
尊。何因緣故。如來所坐師子座處。如是震動。如上所
說。一切東方亦復如是。爾時東方無量無邊阿僧祇
等諸大菩薩。皆來到此娑婆世界。悉持月光明無垢
淨華見佛。供養恭敬。尊重讚歎。善男子。如是東方無
量諸佛。皆遣諸菩薩稱讚於我。善男子。我今見此南
方。去此世界過一恆河沙等諸佛國土。彼有世界名
離諸憂。是中有佛號無憂功德如來。今現在說法。復
有世界名閻浮光明。是中有佛號法自在師子遊戲
如來。復有世界名安須彌。是中有佛號道自在娑羅

王如來復有世界名功德樓王是中有佛號師子吼王如來復有世界名珍寶莊嚴是中有佛號八臂勝雷如來復有世界名眞珠光明徧照是中有佛號珍寶藏功德吼如來復有世界名天月是中有佛號火藏如來復有世界名旃檀根是中有佛號星宿稱如來復有世界名曰稱香是中有佛號功德力娑羅王如來復有世界名曰善釋是中有佛號妙音自在如來復有世界名頭蘭若是中有佛號娑羅勝毗婆王如來復有世界名月自在是中有佛號光明自在如來復有世界名善雷音是中有佛號妙音自在如來

復有世界名寶和合。是中有佛號寶掌龍王如來。復有世界名垂寶樹。是中有佛號雷音自在法月光明如來。如是南方無量無邊阿僧祇等現在諸佛。悉是我昔爲菩薩時。初可勸發菩提心者。是諸世尊師子座處。亦皆震動。彼諸佛等。亦各讚歎我之功德。亦遣無量無邊阿僧祇等諸大菩薩。持月光明無垢淨華。悉來至此娑婆世界耆闍崛山。見佛禮拜。供養恭敬尊重讚歎。卻坐一面。次第聽法。善男子。我今復見西方去此七萬七千百千由旬佛之世界。彼有世界名寂靜。是中有佛號曰寶山。今現在爲諸四衆說微妙

法復有勝光無憂佛音智藏佛稱廣佛徧藏佛梵華
佛勢進佛法燈勇佛勝音山佛稱音王佛梵音王佛
如是西方無量無邊阿僧祇等諸佛世尊亦是我昔
爲菩薩時初可勸發菩提心者是諸世尊師子之座
亦皆震動彼諸佛等亦各讚歎我之功德亦遣無量
無邊阿僧祇等諸大菩薩持月光明無垢寶華悉來
至此娑婆世界耆闍崛山見佛禮拜供養恭敬尊重
讚歎卻坐一面次第聽法西北方去此百千那由他
佛世界彼有世界名無垢是中有佛號離熱惱增毗
沙門娑羅王如來有二菩薩一名寶山二名光明

復有壞諸魔佛。娑羅王佛。大力光明佛。蓮華增佛。旃
檀佛。彌樓王佛。堅沈水佛。大智大力佛。如是無量諸
佛如來。乃至北方四維上下皆亦如是。爾時釋迦牟
尼如來。以大神力。爲欲容受如是衆故。即一一變來
會者身。極令微細如葶藶子。娑婆世界虛空及地彌
滿叟塞間無空處。乃至一毛。時諸衆生各不相見。亦
復不見大小諸山。須彌山王。大小鐵圍。二圍之中間
幽冥之處。及上諸天所有宮殿。下至不見金剛地際。
唯除一人佛世尊也。爾時釋迦牟尼如來復入偏虛
空斷除諸法定意三昧。令此無量月光淨華悉入一

切身諸毛孔。一切大衆皆悉自見。爾時衆生都不憶念佛色身相。唯見毛孔有妙園觀。其園觀中有諸寶樹。其樹復有種種莖葉華果茂盛。種種寶衣天旛幢蓋天冠寶飾眞珠瓔珞所有莊嚴。譬如西方安樂世界。是諸大衆見是事已。復作思惟。今我當往遊觀彼園。爾時唯除三惡衆生及無色天。其餘所有一切大衆皆從毛孔入如來身。處園而坐。爾時如來還捨神足。時諸大衆各各還得如本相見。各相謂言。如來今者爲在何處。爾時彌勒菩薩告諸大衆。汝等當知。我今與汝等悉在如來身分之中。爾時大衆卽見如來身之內外。尋自覺知與無量大衆。集聚其處如來身中。復相謂言。我等爲從何處得入。誰將導我令入是中。彌勒菩薩復告之曰。諦聽諦聽。如來今者現大神通變化之力。復爲利益我等大衆將欲說法。仁等今當一心專念。爾時大衆聞是語已。長跪合掌。受教而聽。爾時世尊以一切行門而演說法何等名爲一切行門。出生死淤泥。入八聖道。具足成就得一切智。善男子。有十專心發於菩提能入是門。何等十。一者欲令衆生悉得解脫回向隨喜故。二者發大悲心。攝衆生故。三者欲度未度。精勤修治無上法船故。四者欲解未解者莊嚴觀脫於虛妄顛倒故。五者欲師子吼無所畏怖莊嚴。觀於諸法性無我故。六者欲隨所到一切世界心無分別。善學諸法同十喻故。七者欲得光明莊嚴世界。修治戒聚令清淨故。八者成就莊嚴如來十力具足一切波羅蜜故。九者成就莊嚴四無所畏。如說而作故。十者莊嚴十八不共之法。隨所聞法悉得無餘不放逸故。是名十法專心發於無上菩提。則能入是一切行門。即得不退無上菩提。無相行門。智道行門。一切法無我。心無思惟。不生不滅。是名菩薩不退轉地。以是故非退非不退。非斷非常。非定

非亂說是法時如來腹內八十億恆河沙等菩薩摩
訶薩得不退轉於阿耨多羅三藐三菩提不可數菩
薩摩訶薩得諸三昧甚深法忍悉從如來身毛孔出
心大驚怪歎未曾有即於佛前頭面著地爲佛作禮
起已忽然各還十方本佛世界復聞釋迦牟尼如來
所演音聲過十方無量無邊阿僧祇等諸佛世界無
諸障礙是諸菩薩雖還彼界續聞如來所演音教章
句義味無所減少如在佛前近聽無異身亦如是徧
諸十方無量世界亦有無量無邊阿僧祇菩薩聲聞
亦見毛孔出入無礙如是第二乃至一切一一毛孔

出入無礙。十方世界亦如是。爾時大衆從釋迦牟尼如來毛孔中出。頭面禮佛。右繞三帀。住於佛前。以種種音義而讚歎佛。爾時欲界色界諸天。雨種種華塗香末香。幢旛瓔珞微妙技樂供養如來。爾時會中有一菩薩名無畏等地。長跪叉手前白佛言。世尊。如是大經當名何等。云何奉持。佛告無畏等地菩薩。是經當名解了一切陀羅尼門。亦名無量佛。亦名大衆。亦名授菩薩記。亦名四無所畏出現於世。亦名一切諸三昧門。亦名示現諸佛世界。亦名猶如大海。亦名無量。亦名大悲蓮華。無畏等地菩薩摩訶薩復白佛言。

世尊。若有善男子善女人受持是經。讀誦通利。爲他人說。乃至一偈。得幾所福。佛告無畏等地菩薩。我已先說所得福德。今當爲汝更略說之。善男子善女人若有受持是經讀誦通利。爲他人說。乃至一偈。於後五十歲中。乃至有能書寫一偈。所得功德。勝諸菩薩十大劫中行六波羅蜜。何以故。諸天魔梵沙門婆羅門夜叉羅剎龍乾闥婆阿脩羅迦樓羅緊那羅摩睺羅伽拘辦茶餓鬼毗舍遮人及非人。有瞋恚心者。聞是經已。即得清淨。柔輭歡喜。亦離諸病忿怒怨賊種種鬬諍。消滅一切暴風惡雨。病者得愈。飢渴者得飽

滿。受諸快樂。和合相順。瞋恚之者能令忍辱。怖畏者
無所怖畏。受諸歡樂。有煩惱者令離煩惱。能令善根
一切增長。能拔惡道所有衆生。能示三乘出要之路。
能得甚深法忍三昧陀羅尼門。能與衆生作大利益。
能坐道場金剛之座。能破四魔。能示一切助菩提法。
能轉法輪。無聖財者能令具足。能令無量無邊衆生
入無畏城。以是因緣。能持此經讀誦通利。為他人說
乃至一偈。若後末世五十歲中。乃至有能書寫一偈。
得如是等無量無邊福德之聚。是故我今說如是經。
如是大經當付囑誰。誰能於後五十歲中護持是法。

誰能與諸在在處處不退菩薩宣說令聞誰復能爲
行非法欲惡貪邪見不信善惡有果報者演布是教
爾時大衆皆知佛心於時有一大仙夜叉名無怨沸
徧坐於衆中爾時彌勒菩薩摩訶薩卽從座起將是
夜叉至於佛所是時如來告是夜叉大仙汝今當受
是經乃至末後五十歲中爲不退菩薩乃至不信善
惡報者演布是教爾時夜叉卽白佛言我於過去八
十四大劫中以本願故作仙夜叉修行阿耨多羅三
藐三菩提爾時教化無量無邊阿僧祇人安止於四
無量心復令無量無邊衆生不退轉於阿耨多羅三

藐三菩提世尊我今當爲未來之世一切衆生作擁護故於後末世五十歲中受持是經乃至從他聞四句偈要當讀誦悉令通利流布與人令不斷絕佛說是經已寂意菩薩諸天大衆乾闥婆等人及非人皆大歡喜頭面作禮退坐而去

悲華經卷第十

音釋

咄當沒切　唼子合切齧也　鵄梟鵄赤脂切梟古堯切鵄梟怪鳥也

國家圖書館出版品預行編目資料

悲華經／北涼天竺三藏曇無讖翻譯. -- 初版. -- 新北市：華夏出版有限公司, 2023.04
面；　公分. --（圓明書房；06）
木刻珍藏版
ISBN 978-626-7134-80-1（平裝）
1.CST：本緣部

221.86　　111021611

圓明書房 006
悲華經（木刻珍藏版）

翻　譯　北涼天竺三藏曇無讖
印　刷　百通科技股份有限公司
電話：02-86926066 傳真：02-86926016
出　版　華夏出版有限公司
220 新北市板橋區縣民大道 3 段 93 巷 30 弄 25 號 1 樓
電話：02-32343788　傳真：02-22234544
E-mail：　pftwsdom@ms7.hinet.net
總 經 銷　貿騰發賣股份有限公司
新北市 235 中和區立德街 136 號 6 樓
電話：02-82275988　傳真：02-82275989
網址：www.namode.com
版　次　2023 年 4 月初版一刷
特　價　新臺幣 680 元（缺頁或破損的書，請寄回更換）

ISBN-13：978-626-7134-80-1

《悲華經》由佛教出版社同意華夏出版有限公司出版繁體字版